An Empirical Study on the Earnings' Quality and the Qualitative Characteristics of Accounting Information

# 盈余质量与会计信息质量特征的实证研究

千雪花 ◎ 著

中国财经出版传媒集团
经济科学出版社
Economic Science Press

**图书在版编目（CIP）数据**

盈余质量与会计信息质量特征的实证研究/千雪花著. —北京：经济科学出版社，2018. 7
ISBN 978 - 7 - 5141 - 9630 - 6

Ⅰ. ①盈…　Ⅱ. ①千…　Ⅲ. ①会计检查 - 研究　Ⅳ. ①F231. 6

中国版本图书馆 CIP 数据核字（2018）第 186219 号

责任编辑：谭志军　李　军
责任校对：王苗苗
责任印制：王世伟

**盈余质量与会计信息质量特征的实证研究**
千雪花　著
经济科学出版社出版、发行　新华书店经销
社址：北京市海淀区阜成路甲 28 号　邮编：100142
总编部电话：010 - 88191217　发行部电话：010 - 88191522
网址：www. esp. com. cn
电子邮箱：esp@ esp. com. cn
天猫网店：经济科学出版社旗舰店
网址：http://jjkxcbs. tmall. com
固安华明印业有限公司印装
710 × 1000　16 开　10. 5 印张　139000 字
2018 年 10 月第 1 版　2018 年 10 月第 1 次印刷
ISBN 978 - 7 - 5141 - 9630 - 6　定价：38. 00 元
**（图书出现印装问题，本社负责调换。电话：010 - 88191510）**

# 前 言

会计盈余是企业在一定期间内实现的反映企业财务状况和经营成果的重要性指标。会计盈余向信息使用者提供经济决策有用的信息，可预测企业未来现金流量，是企业业绩的综合计量指标，同时也是证券市场监管的重要参数。高质量会计盈余能够正确反映企业财务状况，有效预测企业未来经营活动和未来现金流入量，并且有助于科学评价企业管理绩效和经营效率。

本书主要以 IASB 和 FASB 概念框架中的会计信息质量特征理论为基础，建立全面反映会计信息质量特征的综合性盈余质量计量指标。为此，首先汇总了相关研究中已被验证过的个别盈余质量计量指标，再以 1982 年至 2012 年韩国证券交易所上市公司为样本，通过因子分析得出了综合反映会计信息质量特征的盈余质量计量指标。为了验证基于会计信息质量特征的盈余质量指标的有效性，进行了价值相关性模型分析，同时对会计信息质量特征的构成要素间的相对重要性进行了实证分析。最后，通过介绍我国会计信息质量特征及其国际比较，提出构建我国会计信息质量特征体系的新思路。本书弥补了现有文献对会计盈余质量指标研究不足的缺陷，从会计信息质量特征的角度丰富了盈余质量指标研究的相关文献，对会计准则制定者、监管机构、财务报表编制者、使用者和学术界具有一定的启示意义。

作者：千雪花

2018 年 7 月

# 目　录

# 第1章

# 导　论

## 1.1　研究背景和意义

根据国际会计准则理事会（International Accounting Standard Board, IASB）提出的财务报告概念框架（The Conceptual Framework for Financial Reporting)①，对外财务报告的通用目标是提供有助于现有和潜在的投资者、债权人、政府部门以及其他机构等相关信息使用者正确地进行经济决策的信息。即，提供预测企业未来现金流量有用信息。对投资者来说，分析财务报告的目的就是通过有效地评价当前企业业绩预测企业未来成果，确认当前股票价格是否反映企业价值。为此，通过财务报告传达的会计信息应有助于投资者进行决策判断。会计盈余（earnings）是企业在一定期间内经营成果的表现形式，是企业向信息使用者传递的重要信息之一。它是信息使用者在进行决策时普遍使用的最基本的指

① 2002年10月29日，美国财务会计准则委员会与国际会计准则理事会达成协议，正式将美国财务会计准则与国际财务报告准则的趋同作为双方的义务。2004年10月20日，在FASB和IASB联合会议上，考虑到概念框架的重要性、目前国际会计环境变化以及国际趋同的现状，双方决定把制定一部联合通用的财务会计概念框架的项目作为当前双方合作的工作重心。2010年9月28日IASB和FASB发布了关于联合概念框架的第一部分最终定稿——目标与会计信息质量特征。这标志着IASB和FASB关于联合概念框架制定工作取得了阶段性结果。

标，是评价企业业绩的综合性计量指标。投资者在做出理性投资决策时，通常要考虑上市公司对外公布的财务报告披露的会计盈余数字，而且现在财务理论所建立的各种价值评估模型往往是依据会计盈余指标来进行预测和分析。

会计盈余能够正确反映企业财务状况，作为预测企业未来成果的指标，有效评价企业价值，充分发挥其综合性指标的作用时，可以说会计盈余的质量是高的〔德肖和沙朗（Dechow and Shrand，2004）〕。低的盈余质量不仅会误导投资人、债权人等利益相关者的决策，制约企业可持续发展，而且破坏资本市场的正确秩序，降低资源配置效率，影响整体国民经济的健康发展。盈余质量的相关研究不仅有助于市场效率的提高和资源配置的优化，也有助于会计准则的进一步修订，市场监管的进一步完善。

对盈余质量的研究经历了二十多年的发展，目前针对盈余质量的研究在学术界也得到了空前的发展。2002 年 1 月，美国会计学会（American Accounting Association，AAA）专门设立“盈余质量”项目，对盈余质量的各个方面进行深入的研究。2003 年在美国会计学会年会上，盈余质量又成为一个重点讨论的论题。

财务报告目标是为了满足企业财务信息使用者的需要，提供对经济管理和经济决策有用的信息。财务报告的目标决定了会计信息的质量特征，所谓会计信息质量特征就是信息使用者决策有用的会计信息所应具备的属性。2010 年 9 月，美国财务会计准则委员会（Financial Accounting Standard Board，FASB）与 IASB 联合发布的“财务报告概念框架”对会计信息质量特征归纳如下：基本质量特征——相关性和如实反映，其中相关性包括预测价值、确证价值和重要性，如实反映包括完整性、中立性和无差错；增进的质量特征——可比性、可验证性、及时性和可理解性；财务报告的成本约束。

联合概念框架中明确指出基本质量特征决定了会计信息的决策有用性。有用的信息必须是与会计信息使用者的使用目的相关的，而且这些信息的说明要充分，即相关性与如实反映缺一不可。如果一项信息具有预测价值、确证价值或同时具有两个价值性质，会导致信息使用者的决策存在差异，则该信息具有相关性。同时一项信息如实反映所应反映或理当反映的信息，则该信息具有可靠性。要做到会计信息的如实反映，信息的反映应该是完整的、中立的、无差错的。

至 2003 年以来，IASB 针对概念框架中的会计信息质量特征做多次部分修改。特征归纳由于会计信息质量特征不是一个不变的真理，其内容的修改是有必要的。但是对于处理财务报告中最基本内容的会计信息质量特征的性质来讲，会计信息质量特征的内容构成在一定程度上存在着亟待解决的问题。针对这些质量的属性，只从概念上接近，而缺乏实证分析结果的支持是存在诸多问题的原因之一。

目前会计实证研究中有关盈余质量的研究比较多，如关于盈余质量指标的研究、关于盈余质量指标和股票价格关系的研究、关于影响盈余质量的企业特点分析的研究等是比较有代表性的研究领域。但是这些研究中，针对盈余质量的概念使用不同的指标。普遍使用的盈余质量指标有盈余预测性［米哈伊尔等（Mikhail et al.，2003）；科恩（Cohen，2004 等）］，盈余持续性［潘曼和张晓君（Penman and Zhang，2002）；斯金纳（Skinner，2004 等）］，应计项目与现金流量的关系［德肖和迪切夫（Dechow and Dichev，2002）；弗朗西斯（Francis et al.，2005 等）］，非正常应计项目［阿布迪，休斯和刘劲（Aboody，Hughes and Liu，2005 等）］，总应计项目与营业应计项目的关系［理查森（Richardson，2003）］，及时性和稳健性（conservatism）［巴苏（Basu，1997）；鲍尔等（Ball et al.，2000）；布什曼等（Bushman et al.，2004）］等。弗朗西斯（Francis et al.，2004）根据现金流量或盈余，利用应计项目、持续性、预测性、平滑性（smoothness）、价值相关性、及时性和稳健性 7 种属性作为评价盈余质量的标准。但是这些盈余质量指标局限于联合概念框架中提出的会计信息质量特征的某一方面或某一方面的具体构成要素，进而不能捕获概念框架中提出的盈余质量的完整的信息内容。另外，联合概念框架借助相关性和如实反映与经济现象之间的关系，指出了相关性应当是首先予以考虑的质量特征，即如实反映应排在相关性之后予以考虑。在会计信息质量特征的相对重要性问题上，政策制定者之间存在着诸多的分歧。因此，把概念框架中的会计信息质量特征与盈余质量的相关研究联系起来，深入系统地研究盈余质量的相关问题是目前迫切的研究课题。尤其是质量特征及其构成要素之间的相对重要性的问题，有助于会计方案和会计选择等问题的解决，对会计政策决定者与企业高层管理者具有重大的理论意义和现实意义。

基于此，本书主要以 IASB 和 FASB 联合概念框架中提出的，决策有用的会计信息所应具备的会计信息基本质量特征为理论基础，建立反映会计信息质量特征的综合性盈余质量计量指标。为此，在实证分析部分中，首先汇总了相关研究中已被验证过的 13 个个别盈余质量指标，再以 1982 年至 2012 年韩国证券交易所上市公司为样本，利用横截面数据和时间序列数据得出个别盈余质量指标，并且通过因子分析得出了综合反映会计信息质量特征的盈余质量计量值，即综合性盈余质量指标。最后利用价值相关性模型验证了会计信息质量特征的投资决策有用性。同时，对会计信息质量特征的构成要素之间的相对重要性进行了实证分析。实证分析结果得出：（1）针对 13 个个别盈余质量指标的因子分析中共得出了与质量特征要素相符合的 4 个因子；（2）利用决策有用性验证方法验证了综合性盈余质量指标的有效性；（3）在质量特征构成要素的相对重要性分析中，无差错、完整性和确证价值比预测价值和中立性高，但是在预测价值和中立性的相对性分析中没有得出任何依据。本书以财务报告框架中最基本概念之一的会计信息质量特征进行实证分析，为今后确立会计信息质量特征提供有用的资料。

最后，通过介绍我国会计信息质量特征及其国际比较，提出构建我国会计信息质量特征体系的新思路。本书弥补了现有文献对会计盈余质量指标研究不足的缺陷，从会计信息质量特征的角度丰富了盈余质量指标研究的相关文献，对会计准则制定者、监管机构、财务报表编制者、使用者和学术界具有一定的启示意义。

## 1.2 研究内容和研究方法

本研究通过调查文献的方法，掌握相关会计信息质量特征的研究现状，并通过验证理论依据构建了反映会计信息质量特征的综合性盈余质量计量指标，通过建立假设和模型验证了该指标的有效性。验证假设的实证分析方法如下。

2012 年 1 月 20 日当天，财务数据收录在 Fn Guide 的 379 家韩国证券交易所上市企业为样本，在 Fn Guide Database 中收集了计算变量需要的相关资料。然后，对这些变量实施了多变量回归分析、因子分析以及投资组合的统计分析。

本研究主要包括如下三个部分的内容。

（1）构建基于会计信息质量特征的综合性盈余质量计量指标。考虑到目前普遍使用的多种个别盈余质量指标不能捕获到概念框架中提出的盈余质量的完整的信息，为了构建反映会计信息质量特征的综合性盈余质量计量指标，首先汇总了相关研究中已被验证过的、普遍使用的 13 个个别盈余质量指标。之后以 1982 年至 2012 年韩国证券交易所上市公司为样本，利用横截面数据（cross-sectional data）和时间序列数据（time-series data）得出个别盈余质量计量指标值，并且通过因子分析得出了综合反映会计信息质量特征的盈余质量计量值，即综合性盈余质量计量指标。

（2）根据盈余质量（因子分析中得出的因子分数）的高低构成投资组合，利用价值相关性模型验证了会计信息质量特征的决策有用性，同时对会计信息质量特征的构成要素间的相对重要性进行了比较分析。

## 1.3 创新之处

目前会计实证研究中有关盈余质量的研究比较多，如关于盈余质量指标的研究、关于盈余质量指标和股票价格关系的研究、关于影响盈余质量的企业特点分析的研究等是比较有代表性的研究领域。目前会计盈余质量的相关研究现状来看，从特定角度对盈余质量的评价较多，系统和整体的研究较少。在设计会计盈余质量评价指标时往往是从单一指标或单一角度出发，实际上只能评价盈余质量的某一方面，而不是全方面的内容。即便提出了多指标评价模型，但是盈余质量的评价指标在选取上尚不科学，不能准确完整地提出。如，在多指标评价中权重的确定方法也不尽合理，模型的有效性也缺乏严密的论证依据。

有关会计盈余质量的实证研究中，针对盈余质量的概念使用不同的指标。普遍使用的盈余质量指标有盈余预测性［米哈伊尔（Mikhail et al.，2003）；科恩（Cohen，2004 等）］，盈余持续性［潘曼和张晓君（Penman and Zhang，2002）；斯金纳（Skinner，2004 等）］，应计项目与现金流量的关系［德肖和迪切夫（Dechow and Dichev，2002；Francis et al.，2005 等）］，非正常应计项目［阿布迪，休斯和刘劲（Aboody，Hughes and Liu，2005）；Lee and Yue，2004 等］，总应计项目与营业应计项目的关系［Richardson（理查森），2003］，及时性和稳健性（conservatism）［巴苏（Basu，1997）；鲍尔等（Ball et al.，2000）；布什曼等（Bushmanet al.，2004）］等。弗朗西斯等（Francis et al.）根据现金流量或盈余，利用应计项目、持续性、预测性、平滑性（smoothness）、价值相关性、及时性和稳健性 7 种属性作为评价盈余质量的标准。但是这些盈余质量指标局限于联合概念框架中提出的会计信息质量特征的某一方面或某一方面的具体构成要素。本研究考虑到目前研究中普遍使用的多种盈余质量指标不能捕获概念框架中提出的盈余质量的完整的信息内容，针对汇总整理的各种单一指标通过实证方法构建综合性盈余质量指标，并利用价值相关性模型验证该指标是否充分反映概念框架中提出的会计信息基本质量特征。另外，实证分析了会计信息质量特征及其构成要素之间相对重要性的比较。本书对 IASB 和 FASB 联合概念框架中最基本概念之一的会计信息质量特征进行了实证分析，为今后确立会计信息质量特征提供有用的资料。

# 第2章

# 盈余质量的理论基础

## 2.1 盈余质量的内涵

### 2.1.1 “盈余”概念的理解

#### 2.1.1.1 “盈余”概念的发展

相对其他的盈余概念，经济盈余出现得最早。早在1776年，亚当·斯密（Adam Smith）就在《国富论》中将盈余定义为“财富的增加”，此后大多数古典经济学家继承了这一观点并做了进一步的完善。1890年艾尔弗雷德·马歇尔（Alfred Marshell）在《经济学原理》一书中将盈余观念引入企业，并提出了区分“实收资本”和“增值盈余”这一重要的经济学思想。20世纪初，美国著名经济学家欧文·费雪（Irving Fisher）发展了经济盈余理论，他在《资本与盈余的性质》一书中认为，资本是某一时刻财富的存量，盈余是某一时期劳务的流量，进一步具体区分了资本和盈余。欧文·费雪提出了三种不同形态的经济收益概念，即精神收益、实际收益和货币收益。其中精神收益是指人们心理上需要的满足，其包含有很大的主观性，无法客观地加以衡量；实际收益是指经济财富的增加；货币收益是指增加资产的货币价值，其很容易衡量但没有考虑货币价值的变动因素。经济学中主要研究的是实际收益。

1946 年，诺贝尔奖获得者英国经济学家希克斯（J. R. Hicks）在其著作《价值与资本》（*value and capital*）中引入了资本保全的概念，给经济盈余下了一个至今在西方经济学中仍占有重要意义的定义："盈余是指期末与期初保持同等富裕的前提下个人可消费的最高数额。"希克斯的盈余概念建立在资本保全的基础上，得到了广泛认可，在现代西方经济学理论中占支配地位，它对会计盈余理论产生具有很大的影响。这个定义虽然主要是针对个人盈余而言的，但对企业也同样适用。就企业来说，根据这个定义可以把企业盈余理解为以资本保全为基础，剔除追加投资和利润分配等企业与投资人交易之后净资产的增加额。由以上经济学家对盈余内涵的论述可以看出，经济盈余计量的是企业的实际盈余而非名义盈余，因此经济盈余观又被称为真实盈余观。简言之，经济盈余是指期末资本效用与期初资本效用比较后的差额，即如果存在正的盈余，则是指在保持原始投入资本完整、维持原始资本价值的前提下，超出原始投入的部分。对企业而言，在生产经营过程中，保持所有者投入的实际生产能力，即原始资本的价值不变，超过所有者投入的实际生产能力的部分就是经济学上的盈余。

20 世纪 30 年代随着传统盈余模式的逐步确定，在社会经济不断发展的背景下，人们对企业财务状况和经营成果等财务信息的需求日益增长，这也就推动了盈余概念从经济学的理性认识扩散到企业的实际运用之中，随之就形成了会计盈余的观念。但是当时由于投资者主要利用财务报表来寻找股票价值被低估的投资机会，会计盈余的观念并没有得到普遍的重视。随着股份公司制度和资本市场的高度发展，以企业价值为导向的投资策略开始大行其道。投资者为获得企业股票的真实价值（intrinsic value）必须预测企业的盈余表现，至此之后，盈余理论及其计量就成为现代财务会计理论与方法的核心，一直以来也是财务分析师及会计学界研究的热点。20 世纪 50 年代以后，西方国家通货膨胀越来越严重，按传统的会计盈余提供的财务报表不能真实地反映出企业的财务状况和经营成果，不利于会计信息使用者做出正确的经济决策。为了能使财务报表更为真实地反映企业的盈余状况，一些会计学者提出完全按经济盈余概念确定企业的会计盈余，但由于经济盈余操作起来难度大，没有得到会计理论界和实务界的认可。另一些会计学者则在吸收了经济盈余的合理内容后提出了介于经济盈余和传统的会计盈余之间的“扩展会计盈余概念”。在此基础上，FASB 于 1980 年首次提出了“全面盈余”的概念。随着社会经济的不断发展，人们对企业财务状况和经营成果等财务信息的需求日益增长，这就推动了盈余概念从经济学的理性认识落实到企业的实际运用中。为了实现会计计量的可行性，同时降低会计人员职业判断的主观随意性，人们通过制定会计准则对会计盈余的确认和计量加以规范。在实务工作中，会计以历史成本原则和权责发生制原则为基础，按配比原则对企业的日常交易和事项进行确认、计量和记录，据此计算会计盈余。

#### 2.1.1.2 盈余的重要性

本章中针对盈余的重要性，从一般属性和特殊属性角度进行阐述。一般属性主要包括：

（1）盈余可反映企业的财务状况和经营成果。会计盈余是企业获利能力的一个重要显示器，直接反映企业的盈利水平，会计盈余是综合性的核心财务指标，是企业财务状况和经营成果的最终体现。

（2）盈余是企业利润分配的基础。从税收目的看，企业根据政府所规定的财政和税务法规，将会计盈余作为应税盈余，并按一定的税率课征所得税。从股利分配角度上看，扣除所得税后的营业盈余是股利分配的依据和基础。

（3）盈余有助于科学评价企业管理绩效和经营效率。现代企业经营的主要目的是获得尽可能多的盈余。企业的有效经营不仅影响现行的利润分配，而且还要影响到产生未来利润分配的投入资本的使用。企业的会计盈余不仅可以反映管理当局对企业资源的受托经营责任，而且可以反映管理当局的工作业绩和经营效率。如 FASB 的财务报表目标研究小组所述：“财务报表的一个目标是向报表使用者提供判断评估企业管理当局有效利用资源以实现企业主要经营目标的能力。”通过会计盈余的计量和评估，又可作为管理当局管理与控制内部经营活动的有效工具。

（4）盈余是进行财务预测的重要信息。会计盈余作为企业经营业绩的基本衡量，也是财务报表使用者据以预测企业未来经营活动和未来现金流入量的重要工具。例如，FASB 在 SFAC No. 1《企业财务报告的目标》中指出：“投资人、债权人和其他人士需要能够帮助他们做出对未来现金流量的合理预期、评估将使收入的金额、时间分布不同于预期的那些风险的信息，其中包括有助于评估他们对其进行投资和信贷企业的预期现金流量的信息。”显然，基于过去经营活动的会计盈余数字在预测企业未来现金流量和盈余水平的过程中是极为有用的。会计盈余是在同样经营条件下可重复再生的盈余，具有明显的预测价值。

（5）盈余可作为利益相关者的决策依据。投资者、债权人及其他相关者十分关注企业的会计盈余。他们经常是以会计盈余来评价获利能力、预测未来可实现的盈余或估计投资及贷款风险。投资者的主要目的在于实现既定风险条件下的投资报酬最大化，债权人则需要了解企业偿还借款的可能性。会计盈余自然成了在进行合理的投资决策和信贷决策中必不可少的重要信息。会计盈余不仅决定了投资者的投资决策，进而也会影响到社会资源的有效分配。

会计盈余在我国资本市场监管中扮演着极其重要的角色。立法和监管机构在制定股票发行、增发或公开发行可转换公司债券、暂停或终止上市、退市风险警示等相关政策时广泛使用盈余这一指标。根据现行政策规定，新股发行时上市公司的盈利能力应具有可持续性，最近三个会计年度应连续盈利（扣除非经常性损益后的净利润与扣除前的净利润相比，以低者作为计算依据）；公司向不特定对象公开募集股份（简称“增发”）时，最近三个会计年度加权平均净资产盈余率平均不低于6%，扣除非经常性损益后的净利润与扣除前的净利润相比，以低者作为加权平均净资产盈余率的计算依据；公司出现最近三年连续亏损的情形，证券交易所应自公司公布年度报告之日起十个工作日内做出暂停其股票上市的决定；若半年度财务报告显示公司已经盈利，可申请恢复上市；公司在法定期限结束后仍未披露暂停上市后第一个半年度报告的，证券交易所应在法定披露期限结束后十个工作日内做出公司股票终止上市的决定；最近两年连续亏损（以最近两年年度报告披露的当年经审计净利润为依据）的公司将被施以退市风险警示。以上各项法规均是主要利用会计盈余指标对上市公司进行评价和监管，由此可见会计盈余在资本市场上不管对监管方还是上市公司都十分重要。

#### 2.1.1.3 盈余的价值相关性

因为会计信息的加工者和提供者都是企业，所以，可以透过企业理论来探讨盈余的重要性。由于模型的局限性，难以做到单纯意义上理解其定义。贝特里奇（Baintridge，2002）提到学术理论如果想要超前简单地描述，就必须将其嵌入某一特定的模型以引导分析。但不可避免地，人类认识的局限性要求我们采用的这些模型可以产生简化的假设。

构造了会计理论的三种定义的企业学说是成本性契约观、决策观和法律政治观。三种学说的基础是上市公司所有权和管理权分离，即股东拥有公司，但管理层控制公司，二者之间的利益存在冲突，双方都非常理性。这里所谓理性是指存在追逐个人利益的机会主义行为。企业的大多数决策由管理层而不是股东完成，这加剧了两者之间的利益冲突，管理层的决策不一定符合股东的利益。因双方都很理性，都会选择有利于自身利益的行为，而不考虑对方的利益。三种学说既有相似之处也有区别。区别主要表现在两个方面：一是关注了会计盈余的受众（以下简称外部人）在不依赖会计信息的情况下对企业实际经济盈余的了解程度。如果会计信息没有传递增量信息，盈余就不可能具有价值。二是考虑了远距离的股东和其他外部人决策权力的大小，他们可能会因为没有权力而无法做出正确的选择，这个视角表明：即使会计数据传递了有用信息，也仍然有可能无关紧要，因为这些信息没有经济后果。

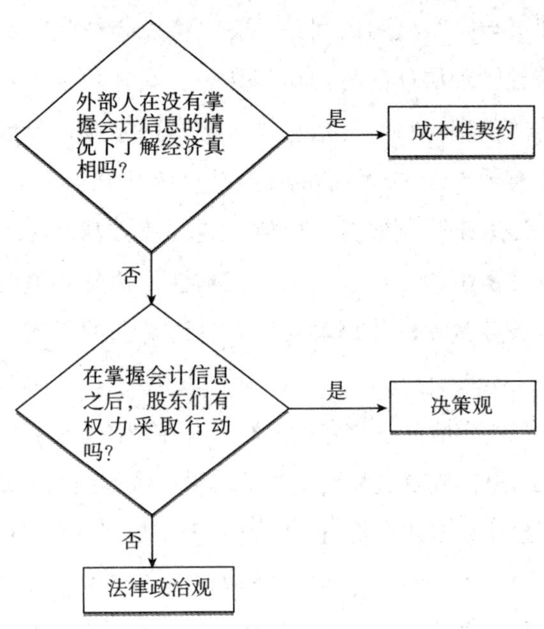


**图 2-1 用以解释盈余重要性的三种不同学说**

成本性契约观假设股东具有完全的认知能力。该学说与决策观和法律政治观的主要差异，在于后者采用了“信息视角（information perspective)”〔希利和帕利普（Healy and Palepu，1993)〕，其基本观点是：在管理层和股东之间存在信息不均衡，管理层具有信息优势。

决策观和法律政治观的差异在于两者对股东的假设不同。决策观假设股东有权力但没有认知，法律观假设股东既没有权力也没有认知，因而完全无法监控管理者。

（1）成本性契约观

科斯（Coase，1937）中企业被定义为一个契约集。通常由企业与外部人，比如债权人，以及企业与内部人，比如管理者和雇员签订契约。就正式书面契约而言，契约存在的理由是契约各方存在利益冲突。例如，债权人希望企业在归还其本金之前不要向股东支付红利。雇员希望有更多福利而业主希望向雇员支付更少的福利。

给定管理层与股东之间的利益冲突，将盈余视为业绩评价指标以便股东能够监控管理层就显得理所当然了。具体地说，会计数据就是签订企业契约的基础。将会计信息作为签约的基础，是因为会计信息可以被各方观察到，契约因而可以被设计为可由与契约无关的外部人，比如仲裁法庭来强制实施。但如果签约双方都已经了解了会计数据后面的所有经济事项，会计数据仅仅被视作衡量和说明公司业绩的语言，那么，会计数据的作用就与用来签订契约的任何一种语言没有区别了。

会计数据在什么情况下会有价值？只有在契约无法按经济环境的变化调整到理想状态，或者这种调整非常昂贵以致签约双方都希望能避免这种调整时，会计数据才有价值。假设在企业与其债权人的债务契约中规定了一些限制条款，例如，如果公司的盈余低于极限值，公司就不得向股东发放红利。再假设有这么一种情况，例如，公司盈余下降了，但并不是因为财务状况恶化，而是因为 FASB 颁布的新的计量准则降低了报告利润。这个利润数据具有经济后果，是因为该数据将导致公司不得向股东支付股利。但是，如果盈余数据接近这个极限值的公司，能够通过与债权人重新谈判降低这个极限值，那么新颁布的这个计量准则就没有经济后果。

瓦茨和齐默尔曼（Watts and Zimmerman，1990）指出信息论之所以没形成解释会计选择的假说，是因为在作为实证研究依据的财务理论中，会计选择本身不能影响公司的价值。在莫迪利亚尼和米勒（Modigliani and Miller，1958）和他们的资本资产定价模型中，信息无须成本也没有交易费用。因此，如果会计方法不影响税收，也就不会影响公司的价值。在这种情况下，预计和解释会计选择都没有依据，会计则没有价值相关性。

契约的不完备性和机会主义两种情况相结合，致使契约无法完全根据经济状况的变化调整到理想状况，于是会计数据就变得重要了[①]。契约不可能被设计得十分完整，也不可能详细地说明未来所有可能的事项。由于很多未来不确定事项是契约各方无法预料的，因而契约不可能完整。契约不完整本身并不能使会计信息变得有价值，因为契约各方可以通过不断修改契约，使其能够反映情况的修订变化，而且如果签约的任何一方存在机会主义行为，另一方也可以不接受契约的修订。例如，假定一个合资企业的签约双方约定，如果盈余高，则90%的盈余奖励给A；但如果盈余低，则90%的盈余奖励给B。他们签订了协议，规定以2000万美元为盈余高，低于2000万美元为盈余低。假定经济情况发生了无法预料的变化，这个界限应该调整为2200万美元。这种情况下，如果该企业的实际盈余为2100万美元，则从经济情况来看，10%的利润应该分配给A；但法律上认为90%的利润应分配给A。显而易见的是A肯定不愿意修改原契约规定的界限。

成本性契约观似乎只适用于那些没有充分的讨价还价余地的契约，而实际上讨价还价是一个非常普遍的现象。如果公司给付经理人报酬的备选方案会使股票价格下降，从而导致这种报酬“没有含金量”，董事会就可能会选择另一种报酬的给付方式。如果公司未能按时归还贷款，债权人则可能会要求重新讨论债务契约，甚至会要求将其债权改为股权[②]。因此，成本性契约观的另外一种表达就是：签约活动以及重新谈判的成本都很昂贵，而这些昂贵的成本可以通过更好、更有效率的会计计量来降低。

兰伯特（Lambert，2003）指出，20世纪70年代末出现了以契约理

---

① 研究交易成本的经济学家认为一项给定的交易之所以由公司类的机构完成而不是由公开市场的若干交易来实现，是因为前者的交易成本更低。威廉森（Williamson，1985）和其他研究交易成本的经济学家认识到机会主义和契约的不完备所导致的交易成本的重要性。

② 阿斯奎思，比蒂和韦伯（Asquith，Beatty and Weber，2005）研究了包含绩效定价的银行债务契约（不同于公共债务）。绩效定价条款将利率与借款人的绩效联系起来，具体地说，如果借款人的信用等级提高（降低）了，利率随之降低（提高）。因此，绩效定价就是协商—举证契约的例证，因为契约条款中已经规定了信用等级变化可以导致对利率的再协商。

论为基础的会计角色研究的新视角。即使是精明的签约人也会在契约中设定多种或有情况，并规定多种绩效衡量指标的方式，将其精明局限于签订较为复杂的契约之中。通过公司治理来约束经理人的方式也仍然是一种成本较高且比较费时间的程序。基于这种观点上来讲，不需要太多好的综合性计量指标就已经是很有价值的了。因为能够鉴定契约成本，而从广义的定义上说这个成本是非常高的。也就是说，由于会计数据可以更好地测量未来不确定事项。可以降低契约的不完备程度、降低对昂贵的再谈判的需求。因此，会计数据是非常重要的。

从这个角度探讨会计数据的价值，则可以得到对很多现象的解释。比如，阿斯奎思，比蒂和韦伯（Beatty，Ramesh and Weber，2002）研究了会计数据计量弹性的成本，由于企业借款合同中包括以会计数据为依据的限制性条款，借款企业希望在借款条款相关数据的计算中使用这种弹性，并愿意承担由此而产生的成本。他们发现，如果在借款合同中限制自觉的会计变动，利率成本可以降低 84 个基点；限制被动的会计变动，则利率成本降低 71 个基点。这种结果说明借款企业为了防止未来无法满足限制条款的可能性，愿意承担会计计量弹性的成本。

会计数据对契约的重要性还可以解释由于股市对一项交易的两种不同会计确认方法而产生的不同反映：一种是将交易作为一项成本反映在当期利润表中；另一种是将其在会计报表附注中加以披露。上述两种方式传递的信息其实是相同的，但是在对会计数据的影响上存在着差异，这些会计数据被企业及其参与者作为签订正式契约的基础。相关的主要研究有：以股票为基础的报酬［Espahbodi，Espahbldi，Rezaee and Tehranian（埃斯波波迪、埃斯巴尔迪、雷泽和泰兰人），2002］和冲销资产［Aboody（阿布迪），1996］[①] 等。

实证会计理论倡导者的观点与成本性契约观非常接近［Watts and

① 赫什利弗和蒂欧（Hirshleifer and Teoh）解释与实际现金流不相关的会计信息的重要性，会计报表对决策者而言很重要这个事实，是经验证据研究所证明了的。

Zimmerman（瓦茨和齐默尔曼），1978，1986，1990］。当我们的注意力集中在由契约执行人签订的正式契约上市，实证会计理论已经意识到契约还可以涵盖其他情形，比如税收和受其监管的行业。企业和监管者之间的契约是一种公共契约。虽然没有任何人与监管者签订正式的书面契约说明作为回报，交了税的人可以得到社保和接受教育，但所有人都会交税并期望得到联邦或地方政府的服务以作为回报。这类公共契约的问题在于，即使某人对现行状况非常不满意，也不能停止交税，只能盼望政府能有所改变。

（2）决策观

决策观认为企业是一个契约集，这些契约都是有个体内生设计的〔詹森和麦克林，（Jensen and Meeking，1976）〕。因此，应重点关注设计这些契约的决策者。森德（Sunder，1996）指出，在企业的契约模型中，假设每个参与的人都追逐各自的利益，他们在企业组织中合作，仅仅限于在他们认为这种合作对他们有利时。组织本身并不需要一个目标，只有参与这个组织的人需要。

决策观将企业视为一个社会机构，这个机构的产出是多个决策者共同作用的结果，这些决策者或者通过正式的书面契约，或者通过非正式的隐性契约建立起彼此的关系①。因此，学习和理解企业的行为，就是找对这些关键决策者的位置，以及他们在公共产出中的利益。从决策论角度，盈余对企业为什么重要这个问题，应该重新被表述为：盈余对那些有权决定这些盈余数据的决策者而言为什么这么重要②。

决策论根植于博弈论之中，它的产生是受了诺伊曼、摩根斯坦和萨维奇（Neumann，Morgenstern and Savage）等人创始的理性选择数学模

① 森德（Sunder，1996）指出，将企业或组织当作人与人之间的契约的集合，通常会给我们带来很大的方便。这里契约一词的含义是宽松的，而不是一个法律或书面的安排，契约只是对各个参与者的行动的相互理解或预期。

② 在无数的应用中，如果我们将决策者却认为签订并执行契约者，则罗切斯特学派和决策学派可以合二为一。但是，加入一般意义的盈余的变量，两学派的理论分歧就出现了，对盈余为什么有价值的问题，就有了不同的解释。

型的启发。从时间上说，它早于成本性契约观。决策论的考察对象是单个决策者，他的个人偏好可由一个排列不同结果的效用函数所概括（比如，每个雇员都更喜欢高薪金而不是低薪金）。每个决策者都是理性的，他的决策行为都在最大化他的期望效用。

有一决策 $d_{i-1}{}^{*}$ 对决策 $i$ 来说是理想的，如果这个决策能最大化他的效用 $EU_i$ 的话，他必须从可行的备选方案 $D_i$ 中选择一个，并指导他的选择 $d_i$，和其他相关决策者的选择 $d_{i-1}{}^{*}$ 将会使其获得下述社会产出中属于他的部分 $s_i$：

$$d_i^* \in \underset{d_i \in D_i}{\arg MAX}\, E_{s_i}\, U_i(s_i \mid d_i, d_{i-1}^*)$$

决策者的份额 $s_i$ 部分地依赖于其他决策者的行动。例如，一个有权力采取行动去影响报告盈余的 CEO 知道报告盈余可影响股票的价格，而股票的价格会影响其股票期权的价值，但股票价格不是由他决定，而是由市场中的分析师、投资者、经纪人和监管者等决定的。强调最佳决策[①]意味着任何能提供决策相关信息的会计数据都有价值（反之亦然，那些没有增量信息含量的会计数据没有价值）。具体地说，预期效用的计算需要理解 $s_i$ 怎样携带期望值 $U_i$ 和其他决策者的回应怎样影响 $s_i$［克里斯坦森和费尔瑟姆（Christensen and Feltham，2002）］。

在那些需要预测未来盈余数据的决策中，比如企业股价，或者需要评估风险的决策中，比如投资或借债给一个企业，盈余数据显得特别有价值。而且，由于盈余数据和其他财务会计数据都是公开的信息，所以，这就不仅决定了决策者自己知道哪些信息，还决定了他认为别人知道哪些信息以及哪些别人知道的信息是他自己也知道的，如此以至无穷［森德（Sunder，2002）］。这个无穷尽的“知道金字塔”就是博弈中所谓的公共知识结构。它有可能通过对博弈各方期望值的影响，最终影响

① 阿默西和森德（Amershi and Sunder，1987）解释为什么理性的管理者会做出愚蠢的决策。被激励为股东实现价值最大化的管理者，可能得到的是一个错误的投资价值模型。被认为可以纠正管理者错误决策的股价，常常不能达成这个目标，因为股价大多噪音干扰，使管理者无法从中认识到自己的错误。

社会产出。

以下一些特征可以将成本性契约观和决策观加以区分。首先，决策观假设决策者没有充分掌握信息，这就导致了对会计数据中所含的信息的需求①。其次，决策观接受隐性契约。隐性契约怎样影响理性的行为？答案可以从博弈论中获得。理性决策者假设意味着每一个参与者都能形成正确的预期［克雷普斯（Kreps，1990）］，并因此能选择最佳的行动。所有决策者的最佳行动集中在一起将得到一个均衡，这里，均衡是指所有参与者选定一个不会被任何参与者单方面背离的策略②。这时，行动的选择过程是自我完成的契约，对未来的预期也是在没有明确的契约的情况下完成的。而且，公司与其利益相关者之间的重复关系可能导致隐性契约的产生，这些隐性契约以不言而喻的相互合作为基础，因为如果一方不合作，就会在议论的签约过程中被其他受害方所惩罚。

（3）法律政治观

法律政治观的概念在诸多的相关研究中提出来（Hart，1995a，1995b，2001；LaPorta，Lopez-De-silanes and Shleifer，1999a；Bebechuk，Kraakmkan and Triantis，2000；Bebchuk and Hart，2001；Bebehuk，2002，2005a，2005b；Bebchuk，Fried and Walker，2002；Bebehuk and Fried，2003，2004；Monks and Minow，2004；Niskanen，2005）。

如果说企业是一个契约集，则法律政治观关注的是管理层与股东之间的签约关系，而把与其他利益相关者的契约看作股东与管理层契约的附属。Niskanen（2005）指出，认为公司经理人还应该对受其决策影响

---

① 注意到契约是对预先规定的行为的承诺。因此，在盈余数据披露之前，契约中早就已经规定了以盈余数据为基础的不确定事项发生后的行为。这里并不存在有意义的新东西。对决策学派来说，决策之前，最需要的是信息。因此，不同的信息含量导致不同的行为以及不同的现金流量后果。

② 在博弈论中，如果不能订立书面的正式契约，这个博弈就是非合作博弈［豪尔绍尼和斯特林（Harsanyi and Stlten，1988）］。这个问题因塞尔滕（Selten，1965）的最佳纳什均衡理论得以解决。根据纳什均衡理论，博弈树被分列为各个子博弈，每个子博弈中的选择都是理想的。

的其他利益相关者负责，比如雇员、债权人、地区社团、环境等……我完全不能接受这种观点……虽然我理解企业与股东之间的开放契约要完备得多。如果其他利益相关者的利益与股东利益一致，好的经理人就自然会关注各个利益相关者的利益。但如果要让经理人对公司各方利益相关者都负责，就一定会大大提高经理人的管理操控程度，使得他们最后对谁都不负责任。

如上所述的两种论点一样，法律政治观也认识到管理层与股东之间的利益冲突。具体地说，企业本来就是为了将资产集中起来创造现金流的，但是，在一个典型的由管理层控制的企业里，这些现金流的所有权不属于那些有权决定怎样管理资产的人。管理层具有决策权，他们的使命就是采取行动管理企业的资源和资产，创造源源不断的盈余。盈余可以用来证明持有公司股份的是否是股东，管理层仅仅是代表公司与其他参与者做交易。使得那些拥有现金所有权的人非常清楚的是（如在美国），只有持普通股的人才是公司的股东。从法律上来讲，股东所拥有的是对企业资产的剩余要求权，实际上任何人都不能保障他们是否能得到任何现金。

管理层与股东之间存在着内在的利益冲突，所以需要十分关注和重视这二者之间的差异。双方都追逐各自的利益，但没有任何一方能使其利益得到优先保障。股东希望自己能做出高效的投资决策且通过投资活动能获得有效的投资回报；而管理层所关心的是其报酬、晋升、任期和声誉等。因此，如果公司业绩不佳时，投资者希望越早知道越好，而管理层为了得到高薪酬或为了暂免问责等待时机的好转，希望尽量推迟报告不利消息。这是因为对于管理层有影响的任期和报酬等都与企业报告中的业绩直接挂钩。

然而，如果所有者能够有效地引导管理层，则这些利益冲突并不足以引发盈余管理。从法律角度认为，对于所有者来讲，他们几乎没有任何权力敢于对那些影响他们股权价值的决策。例如，恶意收购被认为是一种处罚管理层的机制，贝希特博尔顿和罗尔（Bechit，Bolton and Roell，2003）。20 世纪 80 年代恶意收购非常普遍，当时法律规定公司可以按照法律条款提高恶意收购者的收购成本，提高收购成本的结果就是恶意收购的日益减少，这些做法被称为“毒丸”〔霍姆斯顿和卡普兰（Holmston and Kaplan，2001）〕。再例如，股东对公司是否发放股利没有话语权，这是由代表股东[①]利益的董事会决定的（Bebchuk，2005a）。罗伯特·蒙克斯（Robert A. g. Monks），一个激进主义股东，曾经说过：“美国的股东不能提名董事人选，不能挪动他们，也不能——除非 SEC 想要这么做——将建议传递给他们。对于 2006 年美国股东的情况来看，民主是一个极其具有误导性的描述”（《经济学家》，2006 年 3 月 11 日）。证券交易委员会（SEC）前任主席唐纳森（William H. Donaldson）曾建议修改相关规则以提高股东在选举董事局方面的权力（公报第 34－48626号）。但屈服于美国的老板们（也就是管理层），所提议的条款被无限期搁置。贝恰克（Bebchuk，2005a）总结道：“美国和英国的公司法都以相同的基本原则为出发点：股东尽管向公司提供了资金，但在任何行动中股东都不一定有权指挥董事会。”

股东及其股东大会的弱点意味着股东的财富依赖于治理结构的其他要素，在这里治理结构的简单定义是“为了股东的利益，用以修正管理层的行为或决策的一系列补充机制”〔科尔，瓜伊和拉克尔（Core，Guay and Larcker，2003）〕。例如，不满意的业主可对企业提起诉讼，这是一种可能导致经理人被解聘的降低企业价值的事情。因此，股东与管理层关系的下述两个特征，导致了股东没有能力激励管理层最大化股东的财富：第一是公司治理太差；第二是信息量缺失严重。就是说，股东需要信息以监控经理人，但董事会的权力有限。如果他们对管理层的业绩不满意，他们可能会尝试联合其他股东来取代现任团队〔迪安杰洛

① 贝克丘克（Bebchuk，2005b）考察股东是否会提议一个董事局候选人，来替代现代管理层提名的候选人，以及他们是否成功。规则是掌握多数选票的团体赢。但他发现这种情况很少出现，赢的少。我们注意到，如果没有替代候选人出现，则股东大会上会以多数票选出董事局，因为只有对提名的董事有利的票才会被统计。

(DeAngelo, 1988b); 贝克丘克 (Bebchuk, 2005b)]。

盈余是一个汇总反映企业经济活动情况的概括性的信息。因此，盈余的有用性更体现于：股东不需要了解公司经营的细节，就可以传递获取有价值的信息。让股东了解公司经营的细节也需要付出较高成本，同时也可能有向竞争者泄露秘密的风险。

从理论上看，决策论与法律政治论之间的差异似乎非常小，如果在公司治理结构中加入成本变量，在两种学说观点的基础上可以提出一致的预测。但是，从现实来看，两种学说最大的差异就在于股东与管理层的信息不均衡的特征持有不同的观点。根据决策论的观点，决策者需要针对不确定性做出预测；在法律政治观的观点，投资者是没有认知能力的。因此，从法律政治观来讲，会计信息更具有价值，而且与决策观不同，法律政治观假定股东无法通过契约的方式防止管理者操控财务报告的行为，为谋求自己的利益让股东来承担由此而发生的成本。正如埃尔马林和魏斯巴赫 (Hermalin and Weisbach, 2003) 中提到的，在许多大型股份公司，股东过于分散，"搭便车"成为深受困扰的问题，股东完全没有信息可以影响管理层的报酬①。

#### 2.1.1.4 会计盈余与其他盈余的区别

(1) 会计盈余与经济盈余的区别。

会计盈余与经济盈余两个概念间的差别很大。经济盈余是指"物质财富的增加"，而会计盈余则是指"投入与产出的配比"。经济学家们着眼于物质财富的绝对增加，而会计学家们则强调产出价值对投入价值的相对增加。它们之间的差异具体表现如下。

首先是已实现盈余与全部盈余的区别。经济盈余将企业已实现的营业盈余和未实现的持有利得同等对待，不仅包括已实现盈余，还包括未实现盈余，因此经济盈余可以完整反映企业盈余信息的全貌。会计盈余的确认以实际发生的经济活动为基础，以收入的实现为原则，强调经营

① 这种情况似乎因 SEC 正在制定的管理层报酬信息披露的规则而改变。

活动的应计、配比、历史等概念，因此只包括已实现的营业盈余，而不确认未实现盈余。在一般情况下，会计盈余小于经济盈余。

其次就是，由于成本计量属性不同，历史成本与现时价值的区别。会计盈余所依据的是历史成本，历史成本计量存在两个方面的不足。一方面，在通货膨胀日益普遍的今天，在历史成本原则的条件下，生产耗费不能得到足额补偿，从而可能造成虚盈实亏的现象；另一方面，历史成本原则的实行又与收入按现行价格计量的做法在逻辑上存在矛盾。确认经济盈余时的情况正好相反，它依据的是现时成本，这样可能避免出现生产耗费不能得到足额补偿、收入成本的计量属性不一致等的问题。

最后是资本保全观念的区别。经济盈余是以现行价值或公允价值为基础的“资产负债观”，只与资产、负债的计量属性有关，不会因为会计核算模式的不同而存在差异；会计盈余的确定基于财务资本保全观念，强调已实现收入与相关历史成本的配比，所体现的是以历史成本原则和实现原则为基础的“收入费用观”，根据所采用会计方法和程序的不同而不同。在实物资本保全观下其实质是企业在生产经营过程中所创造的“财富的增加”。这种资本保全观要求企业在生产经营过程中保持业主投入资源的实际生产能力不变，并以此为前提来确认盈余。而财务资本保全把资本视为一种财务现象，是业主投入资源的货币价值。这种资本保全观要求将业主投入资源的货币价值保持完整，在此基础上企业收入的余额部分被确认为盈余。在通货膨胀较为严重的情况下，会计盈余虽然可使财务资本得到资本保全，但却不能体现实物资本的保全。实物资本保全比财务资本保全确定的盈余更有实际意义，但难以计量。

经济学家们定义的经济盈余概念的确是更接近于真实盈余，更能客观地反映实际现象，但并不实用；而会计学家们提出的会计盈余虽然非常注重实际的应用性，但是并不很是科学，有一定的内在缺陷，主要为：会计盈余没有考虑通货膨胀、持有利得、商誉的提高以及它们价值变动所产生的影响，而只追求可靠性、可验性和可计量性，这样可能会影响企业的盈利能力和持续经营能力。

（2）会计盈余与全面盈余的区别。

根据 FASB 的财务会计概念公告《企业财务报表的要素》（SFAC No. 3），全面盈余是企业在报告期内，从投资者以外的交易及其他事项和情况中所发生的权益变动。它包括报告期内除投资者投资和股利分配以外一切权益上的变动。也就是说，全面盈余不仅计量构成其主要来源的企业生产经营活动导致的损益及其已经实现的持有利得，而且也计量传统会计盈余难以处理和反映的，如物价变动或其他一些外部环境事件所引起的已确认而未实现的损益，从而能够全面地反映在报告期内产生（而不是实现）的净资产的全部变动。全面盈余与会计盈余的不同主要体现在以下几方面。

首先，全面盈余的内容是总括盈余观。总括盈余观认为，盈余不仅包括本期营业盈余，还包括非常盈余和前期更正调节等事项所产生的盈余，但投资者投资和企业股利分配所得导致的所有者权益变动除外。会计盈余主要采用当期营业盈余观，在时间上强调本期盈余，在内容上强调营业盈余。

其次，全面盈余的计算方法为资产负债法。资产负债法根据企业期初、期末净资产的变动来计算盈余。资产负债法认为，资产负债表的要素比利润表的要素更加重要，利润表的要素是因复式记账系统记录资产价值变动而衍生出来的；采用现行价值为主的多种计量属性；内容包含了企业在一定期间内资产负债价值的全部变动。会计盈余的计算主要采用收入费用法。

另外，全面盈余的计量属性是以现行价值为主的多种计量属性。全面盈余的计量以资产负债价值的变动为基础，而资产计价最相关的计量属性是现行价值。在现行价值不够公允的情况下，采用其他计量属性。会计盈余中，主要采用历史成本计量属性。

可见传统会计盈余是全面盈余的核心部分，全面盈余可以说是传统会计盈余的经济学角度上的改进和完善。全面盈余理论产生于传统的会计盈余基础上，一方面代表着会计盈余理论与经济盈余理论的融合；另一方面促进了人们对盈余质量问题的研究与深入。通常提及的账面盈余在多大程度上反映的是企业实际经济盈余（真实盈余），对外公告的会计盈余与实际经济盈余差异有多大。会计盈余的确认和计量在很大程度上受到人们主观意愿和利益驱动的影响等，是否可以预期盈余质量问题的解决在很大程度上取决于全面盈余理论的成熟以及应用。因而，提出全面盈余观的形成与在理论层面上的逐步成熟，不仅是盈余理论深化的标志，而且对经济发展具有更为重要的实际意义。

### 2.1.2　盈余质量的内涵

虽然盈余质量（earnings quality）这个用语已经广泛地被使用，但各学者对上市公司盈余质量的分析以及其评价结果却往往不一致，甚至缺乏可比性。造成这种现象的根本原因是会计学作为经济学的一个分支，很多理论问题都以经济学为基础；而经济学本身也具有众多的流派，各学者据以定义盈余质量内涵的经济学理论视角不同，从各自的观点出发所构建的计量方法和体系也就自然各不相同。

#### 2.1.2.1　经济盈余观下的盈余质量

在会计盈余的经济盈余观（真实盈余观）下，会计理论是建立在完全市场（complete market）、完善市场（perfect market）和不存在不确定性的假设基础之上，将“真实盈余”作为衡量偏差的基准；会计的目的是通过特定的会计确认、计价等程序得到企业的“真实盈余”。这个观点会自动引出两个问题：（1）企业存在“真实盈余”，既然存在“真实盈余”，那么它就可以成为一种价值判断标准，用来规范企业的会计行为；（2）应该存在一种会计程序和方法，可以计算企业的“真实盈余”。因此支持这种观点的会计学家中争论最多的是何种是“最好的”和“应该”采用的会计方法，并且主张应该而且能够准确计量企业每一项资产、负债和权益，得到企业的“真实盈余”［爱德华兹和贝尔（Edwards and Bell，1961）］。

由于经济盈余追求盈余的真实性和可预测性，而会计盈余追求盈余的可靠性，因此在经济盈余观下高质量的会计盈余就意味着其确定既要考虑会计确认的要求、保留其能可靠计量的会计特点，又要吸收经济盈余的合理内核，使得会计盈余能够更好地体现其经济实质。所以在经济盈余观下对盈余质量的评价标准就是会计盈余与经济盈余的匹配程度，会计盈余与经济盈余越接近，会计盈余的质量则越高。

#### 2.1.2.2 信息观下的盈余质量

信息观认为在市场不完全和充满不确定性的现实世界中，任何会计方法都不可能对企业会计数据进行精确的计量，“真实盈余”并不真正存在。因此信息观下，会计盈余研究强调的是会计数据的“信息含量”以及由此而产生的信号功能。会计盈余信息的功用是向资本市场上的利益相关者传递某种有助于判断和估计企业经济盈余的“信息”。这些信息将有助于利益相关者对公司未来盈利能力、现金流量、发展前景进行预测。

（1）盈余质量信息与逆向选择

从信息的产生来看，上市公司是盈余质量信息的生产者，处于信息优势状态，而其他包括投资者、债权人、证券监管部门等在内的利益相关者则是盈余信息的需求者，处于信息劣势状态。拥有会计盈余信息优势的上市公司为了在交易活动中取得主动权，往往会产生垄断或者掩盖某些真实盈余信息的动机，甚至发布虚假盈余信息以实现自身利益最大化。与之相反，处于信息劣势的利益相关者为了相关决策不得不尽可能地搜集信息，争取掌握完整的盈余质量信息，搜集信息的结果会发生成本。搜集信息的成本大于盈余信息的价值，信息需求者就会根据成本效益原则减少或终止成本的发生，利用已掌握的不完整的信息进行相关决策。这种会计盈余信息的不均衡性质不可避免地导致资本市场上的逆向选择，严重影响资本市场的效率。以股票投资为例，潜在投资者能够掌握的只有管理当局财务报告的会计盈余信息，而公司的真实盈余和盈余质量是管理当局的内部信息，是不公开的。假定有两家会计盈余相同但盈余质量不同的公司发行股票，在存在“市场功能锁定”的条件下，投资人只能注意到名义的盈余数字，并不能了解管理当局掌握的关于真实盈余或盈余质量的内部信息，因此只愿意以二者的平均价购买股票。这将导致低盈余质量的股票成交，而高盈余质量的股票因其价值被低估而退出证券交易市场，只能作为长期持有。这样，类似于阿尔诺夫的二手车市场逆向选择模型，在股票发行市场上将会出现“低盈余质量的股票驱逐高盈余质量的股票”的现象。而面对逆向选择的必然存在，高盈余质量公司最终被迫采取盈余管理或利润操纵，以取得高于其原有价值的成交价，导致市场盈余质量进一步降低，进而导致股票市场交易的萎缩，严重时甚至资本市场将不能存续。

（2）盈余质量信息的传递与甄别

为了缓解这种信息的不均衡问题，市场机制本身也提出了相应的对策。其中，两条最重要途径就是斯彭斯提出的信号传递模型和斯蒂格利茨等提出的信息甄别模型。在资本市场中，拥有信息优势的交易方如果主动通过某种途径向处于信息劣势的另一方传递信号，以表明其盈余是高质量的时，市场可能会形成有效的均衡。如果企业管理当局披露的会计数据具有足够信息含量，尽可能公正无偏地反映企业过去的财务状况和经营成果，而且这些数据具有对企业未来的经营活动做出合理预期的能力，那么市场在接收到企业会计数据的信号后会做出积极的反应，并且通过股票价格的涨跌使资源流向高质量的企业。与信号传递模型不同，信息甄别模型则是处于信息劣势的利益相关者主动发现或诱使处于信息优势的一方暴露信息的行为。中介机构的出现就是为了缓解市场中的信息不均衡问题而设计的制度安排，交易方可以通过会计师事务所等第三方的力量主动获取上市公司的盈余质量信息。需要指出的是，解决盈余质量的信息不均衡并不仅限于利用市场机制。市场监管部门基于维护投资者利益出发也会制定相关政策和规定，约束上市公司按照既定制度去执行，如，信息披露制度、信息质量要求、公司业绩评价制度、融资制度等。这种政府管制的信息披露下，强制要求公司披露有关盈余质量的信息，并以盈余质量为切入点完善公司评价制度，进而有效地降低资本市场中信息的不均衡。

从实证研究的角度来看，研究者通常使用事件研究法（Event Study Method）来探查会计盈余的信号功能及其特征。由于投资者在接收到信号后，对股票价格的未来各种状态的概率分布估计可能会发生改变，而且股票报酬率是股价变动的结果，因此在会计盈余信息能够改变投资者预期并影响股票未来盈余的假设前提下，实证研究者往往利用会计盈余信息与股票报酬率或股票价格的变动相关性作为盈余信号作用模型的替代变量，即盈余反应系数（Earnings Response Coefficient，ERC）。ERC越大，说明其会计盈余质量越好。

2.1.2.3　**现代计价观下的盈余质量**

在经济盈余观受到信息观的挑战后迅速衰落，奥尔森（Ohlson，1988；1991）和潘曼（Penman，1992）提出了一个与信息观相并列、相互补充的计价观的研究框架。在信息观下，会计盈余信息只是一种“信号”，它需要通过另外一种更有解释力的变量（股利）才能与股价相联系；而在当代计量观下，会计盈余被赋予了与股价的直接联系。计量观方法的目的在于通过设计一个模型说明会计信息应该怎样转换到股票价格中去，然后根据该计量模型所测算的股票内在价值与实际市价进行比较，可以确定股价是被高估还是被低估，同时也可以判断市场的有效性。20世纪90年代，奥尔森（Ohlson）和费尔瑟姆（Feltham）首次将股票价值和股东权益的账面价值及未来盈余联系起来，提出了市值/账面净值计量模型（Market-to-Book Model），从而确立了会计盈余在决定股票内在价值中的直接作用。该计价模型以资产负债表为研究重心，以股价水平而非信息观下的股价变动水平作为因变量，可用下式表示：

$$P_0 = BV_0 + \sum_{t=1}^{n} \frac{(ROE_t - r)}{(1+t)^t} BV_t$$

式中：$P_0$——股价日的股票内在价值（或公开市价）；

$BV_0$——股价日的每股净资产；

$ROE_t$——股东权益资金成本；

$BV_t$——未来各期的每股净资产。

两边同除以 $BV_0$

$$\frac{P_0}{BV_0} = 1 + \sum_{t=1}^{n} \frac{(ROE_t - r)}{(1+r)^t BV_0}$$

$\frac{P_0}{BV_0}$ 被称为市值/账面净值比率（Market-to-Book-Value Ratio）或市值/每股净资产比率，取决于未来各期的预期净资产盈余率 $ROE_t$ 和未来各期的每股净资产 $BV_t$。而 $BV_0$ 取材于企业对外公布的资产负债表，$ROE_t$ 和 $BV_t$ 是市场以企业已公布的历史会计盈余信息为基础，运用"随机游走"模型、时间序列分析等工具或由财务分析师对企业未来所做的预测，股票市价则是市场对 $ROE_t$ 和 $BV_t$ 所作出的预先反应。在有效资本市场假设前提下，市场对 $ROE_t$ 和 $BV_t$ 的预测能识别不同质量的会计盈余。高质量的历史盈余信息导致乐观的 $ROE_t$ 和 $BV_t$ 预测结果，最终反映到股价 $P_0$ 上。因此，在会计盈余计价观下 $\frac{P_0}{BV_0}$ 可以作为会计盈余质量的评价标准，$\frac{P_0}{BV_0}$ 值越大，表明企业会计盈余的质量越高。

从这个模型可以清楚地表明影响股票内在价值诸因素及其与股票价值之间的关系提供了一个可用现行会计数据进行股票估价的模型，将会计数据是如何作用于股票价值的内在机制清晰地表达出来。

#### 2.1.2.4 决策有用观下的盈余质量

决策有用观是基于证券市场日益扩大化和规范化的历史经济背景下，结合信息理论与决策理论而提出的一种观点。美国会计学会（AAA）、美国会计准则委员会（FASB）是决策有用观的主要倡导者。决策有用观认为，证券市场里的投资者需要大量可靠和相关的财务信息进行决策，而信息的提供又必须借助于会计系统。因此，财务报告的目标就是向投资者（主要包括股权投资者和债权投资者）提供对决策有用的信息。根据信息决策理论，投资者一般使用当前财务信息对公司的未来发展前景、未来盈利能力、未来现金流量进行预测。正如 FASB 在

SFAC No.1 中指出的那样，“财务报告应当提供现在的、潜在的投资人和信贷人以及其他用户用于评价预期现金流入的数量、时间和不确定性的有用信息……由于投资者和信贷人的现金流量与企业的现金流量有关，所以，财务报告应当提供有助于投资人、信贷人和其他人士评价与相关企业预期现金净流入的数量、时间和不确定性的信息”。

基于决策有用观的盈余质量评价标准的推导逻辑如下：第一层，作为满足企业利益各方需求的一种“信息产品”，会计盈余信息的有用性越大，其质量便越高。第二层，对于以投资者为主要代表的企业利益相关者来说，会计盈余信息对于投资者决策作用越大，其质量就越高。第三层，对于投资者决策而言，会计盈余信息有用性重点体现在预测企业未来的盈利能力与现金流量能力，即会计盈余的预测未来的能力越强，其质量便越高。第四层，会计盈余预测未来的盈利能力表现为盈余的持续性，会计盈余的持续性越强，就越有助于预测未来的盈利能力，其质量也就越高；会计盈余预测未来现金流量的能力则表现为盈余与现金流量联系的紧密程度。当期会计盈余与未来现金流量关联越紧密，盈余质量也就越高。

通过上述假设与限定，可以推导出决策有用观评价盈余质量的两个标准：（1）盈余的持续性；（2）盈余与现金流量的相关度。从现有的学术资料来看，目前关于盈余质量的评价方法或指标大都是以这两个方面为基础或者作为继续推导的立足点而展开的。

#### 2.1.2.5 契约观下的盈余质量

按照契约论的观点，企业作为一种组织只是法律上的虚构，其职能是为个人之间的一组契约充当联结点，或者说企业是“一组契约的联结”（a nexus of contracts）。这一组契约的参与人可能包括企业投资者、债权人、经营者、员工、政府税收部门、消费者、供应商、社会公众、群众团体等利益相关人。各利益关系人通过契约对各方行为采取各种限制，明确各自的约定投入和约定产出，而会计在制定契约的条款的实施中扮演着重要角色。会计盈余作为产出计量的唯一系统化工具，构成了各组契约（包括签订、履行、变更）特别是信贷和补偿契约的核心内容，因而会计盈余信息本身的计算规则也成为这组契约的重要组成部分。

契约观认为，即便会计盈余与股价变动或股票计价没有关联，它仍是有用的，因为会计盈余信息在各种契约的签订以及履行中扮演着极其重要的角色。会计盈余的计算并不仅是一个技术的过程，而是会产生广泛的社会经济后果。在成本约束的驱使下，会计盈余的计算规则不再以单个企业的单个契约形式出现，而是通过特定的政治程序产生，以“公共规则”的形式出现。这“一份关于一般通用的公共规则的公共合约”就是会计准则。会计准则的公共契约性质表明，企业（通过管理当局代表）、股东、债权人、政府、人力资本所有者等都是准则这一契约的当事人，准则也正是各利益群体的代表相互博弈的结果。当然，会计盈余的计算除受会计准则这一“公共契约”的约束外，并不排斥单个企业相关利益各方在不违背会计准则的前提下，就一些特殊事项进行特别约定，如在企业章程中就财务会计事项做出特别规定、在企业内部财务会计制度中对具体的会计政策和会计程序做出选择。总之，在契约观下会计盈余的功能是为契约的签订和履行提供数据，以降低信息不对称的程度，而会计准则、企业章程和企业内部财务会计制度对会计盈余计算过程的约束则为会计盈余这一功能的发挥提供了基础，因而在契约观下会计盈余质量应表现为：企业的盈余确定过程对会计准则、企业章程以及经适当层级管理机构批准的内部财务会计制度的遵循度。

盈余质量研究的复杂性，学术界对盈余质量内涵并没有形成统一的认识。研究者往往选择不同的角度来定义盈余质量，而从近年来的学术研究以及统一学术名词的角度来看，盈余质量的提法应该更为严谨和贴切。学术研究中由于各位学者研究的侧重点不同，对于盈余质量提出了不同观点的定义。目前关于盈余质量定义的几种观点有，强调盈余的可靠性、强调盈余的相关性、强调反映经济盈余的程度、强调盈余预测性、强调盈余的现金保障性、强调盈余的多维性等。本书适用非常典型的信息观以及计量观下的盈余质量定义，都源于IASB概念框架的基本内核——决策有用性。在信息观下，盈余质量是指盈余信息对投资者决策的相关性，强调财务报告使用者根据各种信息感知报告盈余与未来盈利预期的关联程度。评价盈余质量的核心在于研究报酬—盈余、价格—盈余之间的关系，主张从市场角度衡量盈余质量，可理解为一种事后的盈余质量评价；而在计量观下，盈余质量是指报告盈余反映经济盈余的程度，强调会计计量方法的选择会影响会计信息的有用性，实际上涉及基于历史成本或公允价值的计量方法对盈余质量内在的影响，可理解为一种事前或事中的盈余质量评价。从评价盈余质量的逻辑关系上看，计量观应该前置于信息观，信息观对于盈余质量的研究实质上是以计量有效性为假设前提的。企业的经济活动和会计处理方法内生地决定了盈余的实际质量，而对其评价又需要从外在资本市场上得到反映。所以决策有用的计量观和信息观是一个由内及外的过程，需要综合起来考虑才能对盈余质量做出客观全面的评价。

### 2.1.3 影响盈余质量的因素

一般而言，盈余质量的好坏受到许多因素的影响，主要包括企业内在、外在的原因。本章从以下几个方面分别说明。

#### 2.1.3.1 管理当局的特性

首先，公司财务报告是由管理当局编制的，因此管理当局的特性成为影响财务报告质量的重要因素。一般而言，管理当局的特性与风格（如教育背景、年龄与学历等）会影响公司会计方法的选择，进而影响到盈余质量［格等（Ge et al.，2011）］。例如，能力强的管理当局对于公司及产业未来的发展方向较为了解，涉及会计上的估计与判断时也会比较精准（如计提坏账准备与售后服务保证等），因此，公司整体的盈余质量相对比较高［德默简，列弗，刘易斯和麦克维恩（Demer jian，Lev，Lewis and McVay，2013）］。然而，另外一个有趣的是发现管理当局的声誉越好，盈余质量竟然越低。经研究发现产生这种现象的原因是由于通常经营环境较复杂的公司会指派声誉较好的管理当局去负责经营，而这类公司本身的盈余特性就比较难于掌握［弗朗西斯，黄，拉杰帕尔和张（Francis，Huang，Rajgopal and Zang，2008）］。除此之外，詹森（Jensen，2006）指出，管理当局本身的正直性，是公司治理最基本且重要的一环，同时也会影响到公司的盈余质量；实证分析结果也支持了他的这种观点［休等（Sue et al.，2013）］。也有研究指出，管理当局如果过度自信，财务报表就会偏向乐观，从而使盈余质量受到影响［艾哈迈德和杜尔曼（Ahmed and Duellman，2013）］。

其次，虽然审计委员会是负责公司财务报表的主要单位，但是管理当局仍然可以通过直接或间接的方法影响财务报告的质量。例如，在《萨班斯—奥克斯利法案》实施前，管理当局可以通过介入董事会的任命而影响审计委员会的运作，因此，即便审计委员会有财务专家，也可能变成橡皮图章［卡塞罗等（Carcello et al.，2011）］。在《萨班斯—奥克斯利法案》之后，虽然规定董事会任命应改由独立懂事负责，但是当管理当局的职权或者影响力很大时审计委员会的财务专家仍然不易发挥专业能力；仅在管理当局的职权或者影响力较小时，审计委员会财务专家才能使盈余质量变好［李赛克（Lisic et al.，2014）］。

综合上述，管理当局的个人特性与风格对盈余质量具有一定程度的影响力。

#### 2.1.3.2　公司特性/信息系统

公司本身的特性以及财务报告的信息系统也会影响财务报告的质量。第一，有些公司的特性本身就比较容易将财务绩效转化为财务报告来沟通，但是有些公司则并非如此。例如，高成长公司的盈余持续性较低，因此当以盈余持续性作为盈余质量的替代变量时，成长性与盈余质量呈负向的关系。同样的，对高成长公司来说，盈余的计量比较容易产生误差，更容易产生盈余管理的动机［理查森等（Richardson et al.，2005）］。而后也会更容易受到主管机关的行政处分［德肖等（Dechow et al. ，2001）]，且迎合分析师盈余预期的动机较强［麦克瓦里等（McVary et al. ，2006）]，这些都是盈余质量低的现象。第二，公司经营效益越差越容易出现盈余管理，因而降低盈余质量。第三，负债比率越高的公司，为避免违反债务条款，也比较容易出现盈余质量较差的情况。第四，早期的研究中指出，基于政治成本假说，为避免引起关注，规模越大的公司越可能会采取降低盈余的策略，因而盈余管理较差；然而后期的研究中却指出，建立健全的内部控制需要投入相当的固定成本，而且只有规模大的公司能够承担该成本，因此大型公司的盈余质量要比中小型公司较高。总而言之，公司特性会影响盈余质量。

生产信息的信息系统对于盈余质量具有一定的影响。然而，无论在学术上还是在实务中，直接探讨信息系统对盈余的影响都存在一定的困难，因此，目前为止这一方面的研究比较少。关于内部控制制度的质量优劣则是信息系统研究的一部分，当公司内部控制有重大缺陷时，容易出现故意的欺诈与非故意的错误，因而会降低盈余质量。因此，内部控制是否有缺陷可以视为这一方面的主要研究领域。

#### 2.1.3.3 公司监管机构

公司治理结构是保证公司盈余质量的重要制度安排，自然也是影响盈余质量的一个重要因素。公司治理结构不完善可能使经营者为了自己的利益虚构经济业务或者滥用会计政策，对盈余进行操纵；而完善的治理结构能够有效地约束经营者，使其与股东的目标一致，从而抑制经营者降低盈余质量的行为。因此，完善的公司治理结构有助于提高企业会计盈余的质量。从我国目前的情况来看，许多上市公司的治理结构不够完善，未能真正建立起现代企业制度，未能形成科学合理的约束和激励机制。进而导致一些公司业绩下滑并出现巨额亏损，迫切希望通过盈余操纵达到各自的目的。

（1）董事会

董事会是公司最高的治理机构，对于公司盈余管理具有决定性的影响。它具有两项主要的职能：咨询（Advisory）与监督（Monitoring）。前者是协助管理当局拟定并执行重要的经营决策，后者则是监督公司管理当局执行决策的过程，以降低代理问题，其中包括对财务报表的监督。在我国，股份有限公司董事会成员规模5～19人，成员多虽然可以收到头脑风暴的成效，但也可能出现“搭便车”的情况，或是会议出现议而不决、决而不行的无效率现象。董事会一般包括审计委员会、薪酬委员会以及提名委员会等二级委员会，它们各司其职，其中，财务报告的监督是由审计委员会负责。这些委员会常常由独立董事来担任，希望通过它们的独立性执行所要求的职责。一般而言，董事会独立性越高，即外部董事的比率越高，则盈余质量就越好［克莱因（Klein，2002）］。

董事会改选的方式来看，可能是一次性全部改组，也可能是多次局部改组。前者所选出来的董事称为统一任期董事（Unitary Boards），而后者则成为局部改选董事（Staggered Boards）；后者虽有利于董事会的稳定，但是不利于推动全面的改革或长期性的重大投资方案（如购并）。

公司董事也可能兼任其他公司的董事，形成董事之间的社会网络（Board Network，Board Interlocks），此类董事称为连锁董事（Interlocked Director）。在这种情况下，某一董事的行为可能会通过同一位连锁董事而扩散到整个公司。

（2）审计委员会

审计委员会主要职责之一就是监督公司财务报表的编制过程。该项职责包括负责会计师的聘任、决定会计师的审计费用，以及监督会计师的审计工作，而会计师的审计工作也必须直接对审计委员会负责。一个有效的审计委员会，通常具有以下四个特征：找到适当的委员人选、委员会拥有较大的职权、可动用的资源较多以及委员的企图心较强。一般而言，具备这些特性的审计委员会，财务报告的质量较好［德佐特等（DeZoot et al.，2002）］。

根据上述四项委员会的特征，能否找到适当委员人选常常是学术界研究的焦点。所谓适当的人选，是指委员具有独立性及执行能力。首先，就独立性而言，通常审计委员会委员的独立性越强，财务报表的质量也越好。因此，2002 年的《萨班斯—奥克斯利法案》要求所有的委员都必须是独立的委员。然而，有些公司的审计委员会委员虽然符合《萨班斯—奥克斯利法案》独立性的要求，但是仍与 CEO 之间具有不错的关系。例如，都是红十字会或是壹基金的会员，或是以往是同班同学等。这些特征会丧失独立性，从而使财务报告的质量受到负面的影响［布鲁因塞尔斯和卡迪纳尔斯（Bruynseels and Cardinaels，2014）］。这样“形式上”的独立委员，在中国也是时有所闻。

其次，就委员能力而言，审计委员会成员的能力越强，不仅可以客观地增加财务报表的可信度，同时也可以主观地增加使用者对财务报表质量的信任。实证研究发现，如果审计委员会成员包括了会计专家达利瓦等（Dhaliwal et al.，2010）、法律专家克里希南等（Krishnan et al.，2011），或者行业专家（也就是审计委员会成员对该行业本身就具有管理的经验）时①，对于提高财务报表的质量也具有正面的效果。

（3）其他公司治理

另一个影响盈余质量的监管机制是所有权结构以及薪酬契约。第一，关于管理当局的所有权对盈余质量的影响，有两种看法：掠夺假说（Entrenchment Hypothesis）与动机一致假说（Incentive Alignment Hypothesis）。而这两种假说都有实证支持。掠夺假说认为，当管理当局持股较多时，它们会通过会计方法的选择或是通过稳健会计所给予的载量空间，来掠夺私有的利益，然而却牺牲了少数股东的权益［拉丰和罗约夫德里（LaFond and Roychowdhury，2008）］；［范和黄（Fan and Wong，2002）］发现，当现金流量权偏离投票权时，盈余的信息质量则会降

① 例如，审计委员会成员目前或者之前曾任职于同行业的其他公司，此时审计委员会成员成为行业专家（Industry Expert）。

低。动机一致假说则指出，管理当局持股较多会与股东利益趋于一致，因而盈余质量较高（例如应计盈余较少，或是 ERC 较大）；王（2006）也发现，第一代家族企业持股越多与股东利益也越趋于一致。第二，薪酬契约的机制也会影响到盈余质量。许多研究发现，为了提高薪酬（包括红利、期权等），管理当局会刻意进行盈余管理，以此影响盈余、股价或是期权的价格；更有甚者，通过盈余管理的时机来进行内部交易、买卖手中的股票或者执行期权。

#### 2.1.3.4 企业内部控制制度

1992 年，由美国注册会计协会（AICPA）、国际内部审计师协会（CIA）、财务经理协会（FEI）、美国会计学会（AAA）、管理会计学会（IMA）共同组成的专门委员会（即 COSO 委员会）提出了内部控制综合框架公告，提出内部控制的体系包括五个方面：控制环境、风险评估、控制活动、信息与沟通、监督，并认为“内部控制是受企业董事会、管理当局和其他职员的影响，旨在取得经营效果和效率、财务报告的可靠性、遵循适当的法规等目标而提供合理保证的一种过程”。从以上目标可以看出，加强和完善企业内部控制不仅仅是企业一种自愿自觉的行为，也是企业的一种责任与义务，是企业对外部利益集团负责的一种表现形式。只有完善企业内部控制制度，实现其内部控制目标，才能保证会计信息的可靠性，提升公司盈余质量。若企业内部控制制度不完善，内部控制标准体系缺失，其盈余质量必然低劣。由此可见，内部控制制度是保证公司盈余质量的重要制度安排。

#### 2.1.3.5 会计政策与会计方法的选择

会计政策是指企业在会计核算时所遵循的具体原则以及企业所采纳的具体会计处理方法。根据会计政策是否可以调节，可将会计政策分为两类：一类是不可调节的会计政策，如会计年度、记账本位币、记账基础（权责发生制）和计价原则（历史成本），这类会计政策在各类企业是通用的，对会计盈余的影响是无差异的。除此之外，另一类是可调节的会计政策，企业可在准则允许的范围内选择适合企业实际情况的会计政策，并在会计报表附注中予以披露。由于企业性质和经济业务的多样性，会计准则往往对同一项经济业务或经济事项的处理有多种备选方案可供选择。例如外币业务核算、金融工具跌价准备计提、坏账准备计提、存货计价与存货跌价准备计提、固定资产折旧计提、在建工程减值准备、借款费用的资本化或费用化、无形资产的摊销及减值准备、长期待摊费用（递延资产）的摊销年限、收入确认原则与方法、所得税的会计处理方法及合并会计报表的编制方法等。

出于股票的发行与上市、配股、维持公司上市资格、维持良好形象、公司管理当局自身效用最大化等目的，管理层往往会选择有利的会计政策来进行盈余管理甚至盈余舞弊。例如：①推迟确认成本费用；盈余性支出列入资本性支出；改变固定资产折旧政策；变更长期投资的核算方法等。②采用推迟费用入账时间的手法，降低本期费用。通常的做法是，将应计入成本、费用的部分挂在待摊科目下，可直接影响利润总额。③通过准备项目，进行利润调节。一些上市公司在业绩下滑时就通过冲回准备金科目，减少当期的费用或支出，从而实现增利。④利用地方政府对上市公司的优惠政策和财政补贴，增加利润总额。上述盈余操纵行为违背了信息的可靠性和客观性，会导致会计信息尤其是盈余信息失真。

#### 2.1.3.6 审计人员

外部审计人员可以通过他们的工作降低故意或非故意的误导性陈述，因而可以提高公司财务报表的可信度。审计人员降低财务报表误导性陈述的能力受到两个因素的影响：检查误导性陈述的能力与报告误导性陈述的动机［迪安杰洛（DeAngelo，1981）］；前者受到审计努力（Auditor's Effort）/审计效果的影响，后者受到诸如诉讼风险、声誉成本以及审计独立性等因素的影响。

由于审计努力/审计效果与报告动机无法直接观察，因此实证上就以审计费用的多寡以及是否聘请“四大”（Big 4）来作为替代变量。一般来说，审计费用越高或是聘请“四大”视为审计努力/审计效果较好。此外，就“四大”而言，又可以划分为行业专家与非行业专家，由于专业知识的熟练度以及人力资源的优越性，前者的审计质量普遍高于后者［克里希南（Krishnan，2003）］。近年来，关于是否披露注册会计师名字的讨论也是比较有争议的论题。（1）财务报告质量会随着会计师个人的特质而不同，包括教育程度、四大事务所的审计经验以及政治关联性［格等（Gul et al.，2013）］；（2）披露会计师事务所的名字，会提高财务报告的质量［卡塞罗和李（Carcello and Li，2013）］；（3）除了国家以及城市层级之外，个人层级的行业专家更能有效地提高盈余的质量，原因是审计与鉴证师以注册会计师个人为单位的（Chi and Chin，2011）。另外，也有研究使用注册会计师任期作为审计努力或审计效果的替代变量，检测其对盈余质量的影响。然而，研究结论却存在着诸多的分歧。

#### 2.1.3.7 资本市场动机

盈余管理会降低盈余质量，而新上市或现金增资以及迎合预期都是公司盈余管理的因素，因此，这些因素也是影响盈余质量的因素。

（1）首次公开发行股份或配股

公司在一级市场公开发行新股时，由于没有现成的股价，因此投资人如何评价公司或者股票价值就成了一个重要的问题。通常首次公开发行股份的公司会提供招股说明书给投资者，这其中包含了重要的会计信息。因此，招股说明书中的获利能力信息就成为评价股价的重要信息。为提高承销价并增加发行收入，公司有动机在招股说明书中将盈余提高。此外，公司要申请上市时，必须符合上市的基本条件，特别是有关申请公司的获利能力。基于以上原因，首次公开发行股份的公司常常会有动机进行盈余管理。

涛，黄和姚（Teoh，Wong and Rao，1998a）以1990～1992年首次公开发行股份的公司为样本，发现首次公开发行股份的公司在上市前一年，会使用应计盈余来提高盈余，而且新股上市后，由于应计盈余的回转，而使公司业绩（股价与盈余）呈现衰退的现象［涛，韦尔奇和黄（Teoh，Welch and Wong，1998a）］。另外，在二级市场配股时，公司也有类似的动机提高承销价格。例如，涛，韦尔奇和黄（Teoh，welch and Wong，1998a）研究发现，公司在配股前一年也会将应计盈余调高以提高承销价格，而且在上市之后数年之间，由于应计盈余的回转，公司市场绩效与会计绩效都呈现衰退的现象。然而，范（Fan，2007）以1987~1997年间为样本研究中，发现公司在上市前使用应计盈余进行盈余管理，且上市后会使其绩效呈现衰退的现象，但是却没有发现股票报酬率的衰退情况。

基于此，首次公开发行股份的公司通过盈余管理来提高公司价值是否是一种有效的方法，仍是一个有待厘清的问题。

（2）迎合预期盈余

投资者在评估公司盈余绩效时经常使用某些标杆作为比较的基准，包括上年度的盈余以及分析师的预测盈余。巴托夫，吉沃利和海恩（Bartov，Givoly and Hayn，2002）发现，如果公司能够迎合或是击败分析师的预期，则市场会出现较高的正的异常报酬，也就是会给予津贴；相反，如果公司盈余未能迎合或击败分析师的预期，则市场会出现负的异常报酬，也就是给予处罚。另外，斯金纳和斯隆（Skinner and Sloan，2002）发现未迎合预期所产生的负的异常报酬绝对数字大于迎合预期所产生的正的异常报酬，这说明市场对于未迎合预期的处罚比迎合预期的津贴更大。

最后，机构投资者的预期也常是公司要考量的对象，因为机构投资者买卖持股，也有可能影响公司的股价。一般而言，机构投资者之间的持股风格未必相同，有些是抱着长期持有的信念来持有公司的股票，有些则是采取短视的观点而持有公司股票，后者常常会抛售持有的股票。布希（Bushee，1998）的研究发现，在公司股东当中，如果属于短视类型的机构投资者持股比重越高，公司为了迎合这类投资者会减少研发的支出以提高当期的盈余；相反，持长期观点的机构投资者比重越高，公司则会投资更多的研发支出以增加未来的盈余。公司会考量机构投资者的持股风格来决定采取盈余管理策略还是投资策略。

#### 2.1.3.8 外部监管规范/制度背景

监管机构的各项监管是否有效，会影响公司的盈余管理。例如《萨班斯—奥克斯利法案》通过之后，由于管理当局与审计人员的责任加重，因此降低了应计盈余的操控，但却改用真实盈余的管理方法。其他如税法的规定、金融业资本充足率的规定，都会影响公司采用盈余管理来避税或是符合最低的资本充足率的要求。因此，外部监管或规范一旦发生变动，有可能会引起公司盈余管理行为的变动，进而影响盈余的质量。同样的，主管机关 GAAP 改为采用国际会计准则，这一改变，将会影响这一国家所有公司的盈余质量，而这一影响程度可能又与法制背景息息相关。

各国制度背景未必相同，这将影响到国家层级的盈余质量。例如，国家有成文法或非成文法的区别，执法有强弱的区别等，这些都会塑造出不同的盈余质量水平［鲍尔，科塔里和罗宾（Ball，Kothari and Robin，2000）］。另外，各国家媒体的监督能力也是影响公司盈余质量的重要因素。一般而言，媒体监督能力越强，随之该国整体盈余质量也越好［勒兹等（Leuz et al.，2003）］。

#### 2.1.3.9 现行会计制度的缺陷

现行会计制度无法避免会计盈余与真实盈余之间产生距离。现代企业资产构成和经营业务复杂多变，企业不能在每一报告期末清算其资产（包括实物、人力、声誉等形式），而企业的经济盈余的计量依赖于对构成企业契约的未来经营所做的假定和对未来的判断为依据，这种估价的不确定性使经济盈余的计量难以精确可靠。因此，尽管会计盈余是在严格遵循会计准则和有关法律法规的前提下，在客观、公正、谨慎原则的指导下，运用会计的一系列专门方法而计量出的企业经营成果，但仍然不是企业的真实盈余。由于对会计而言允许有大量的估计和专业判断，因此人们根据现有的认识水平计量而得的会计盈余只能尽量接近经济盈余。这种会计估计和会计判断越接近实际，会计盈余就越能反映真实的经营成果，但无论如何都只能做到逼近实际情况而不是完完全全的实际情况，这就必然导致盈余质量问题的产生。

此外，现行会计准则体系是建立在权责发生制的基础之上的。按照国际会计准则的解释，所谓权责发生制是指“在交易事项和其他事项发生时（而不是在收到现金和现金等价物时）确认其影响，而且要将它们记入与它们相联系的期间的会计记录并在该期间的财务报告中予以报告”。FASB（1978）认为，以权责发生制会计为基础的，有关企业盈余的信息通常在表现企业当期和持续产生现金流量的能力优于仅限于现金收入和付出方面的财务信息。然而这并非表明权责发生制会计尽善尽美，权责发生制也存在许多不容忽视的缺陷。首先，在权责发生制会计下不可避免地在待摊、预提等方面存在主观估计与判断，而外部人员（包括审计师与证券分析师）很难就公司管理当局对不确定性事项所做出的估计与判断的客观性进行有效验证，这使得管理当局有机会对会计盈余进行操纵。因此权责发生制下的会计盈余代表的是企业的账面成果，而不是企业可以自由支配资财的增加，这很可能会扭曲盈余的本来面目。

### 2.1.4 盈余质量的经济后果

一般而言，盈余质量的好与差会对公司产生许多经济后果。

#### 2.1.4.1 诉讼风险

盈余质量的好与差，会影响到公司的诉讼风险。盈余质量越差的话，被投资者控诉的机会也就越大。例如，财务报表重述的公司会增加诉讼风险（Palmrose and Scholz，2004）。

#### 2.1.4.2　审计意见

财务报表需要经过会计师的鉴证，因此，如果盈余质量较低时比较容易收到会计师出具的非标准审计意见。

#### 2.1.4.3　市场评价

即使通过盈余管理或是预期管理，迎合分析师预期的公司的股票价格会比较高；同时，由于财务报表误导性陈述而受到主管机关行政处分的公司，其市场价值也会降低。因此，盈余质量会影响到公司的价值。

#### 2.1.4.4　实质活动

公司进行盈余管理时，除使用操控会计数字之外，也可能使用真实的盈余管理。例如，首先，删减原来要投入的研发支出，这样会损害公司的获利能力；其次，由于财务报表信息可以降低公司与市场参与者（资金提供者）之间的信息不对称，因此，可以让公司容易筹措到所需的投资资金，进而提高公司的投资效率［比德尔等（Biddle et al.，2009）］。最后，由于公司经常根据财务报表的信息来决定未来的投资金额，因此，如果盈余质量不佳，可能会误导投资决策，出现无效率投资的现象（包括投资过度与投资不足）［杰克逊等（Jackson et al.，2009）］。

#### 2.1.4.5　薪酬金额

盈余质量越高，公司主管的薪酬也越高。例如，盈余持续性越高，薪酬委员会则越会强调盈余在薪酬计划中的重要性，此时盈余对薪酬的影响力也会越大。在美国，企业在设计薪酬契约的时候时常会有所谓的追回条款（Clawback Provisions），规定如果公司财务报表出现重大误导性陈述则必须缴回原来的薪酬红利。

#### 2.1.4.6　劳动力市场

盈余质量的优劣也会引起劳动力市场对公司主管的不同评价。一般而言，盈余质量越好则劳动力市场对该公司主管的评价越高。例如，发生财务报表重述的公司主管比较容易被解聘，而且之后所找的工作会比较差，薪资也会比较低［德赛等（Desai et al.，2006）］。

2.1.4.7 **权益资本成本**

盈余质量越高，则公司在资本市场上筹资的权益资本成本通常会越低。例如，有内部控制缺陷的公司，由于财务报表质量较差，因此资本成本较高。又如，盈余持续性较高时，在资本市场融资的权益资本成本通常会比较低；盈余比较平稳的公司或是内部控制良好的公司其权益资本成本也会比较低［德肖等（Dechow et al.，2010）］。

2.1.4.8 **债务资本成本**

债权人常以会计数字作为签订契约的基础，盈余质量越高就越会使用会计数字作为债务条款的基础。由于高质量的会计数字（如内控良好、未曾出现重述或者比较稳健等）可以降低信息风险，因而债务资本成本会比较低。

2.1.4.9 **分析师行为**

分析师进行盈余预测时，常以公司盈余数字作为参考，因此，高质量的盈余可以降低分析师盈余预测的误差。更有甚者，近期也有研究发现，由于 IFRS 基础的盈余具有较高的质量，因而分析师的预测会变得比较准确。

## 2.2 会计信息质量特征的解析

自 2008 年金融危机爆发以来，会计信息的真实性及有效性受到了社会各界的广泛质疑与批评。究其原因，众多的信息使用者认为企业财务报表所提供的会计信息并没有达到一定的标准进而导致其做出了错误的决策，并最终引发了金融危机。那么，到底符合怎样质量特征的会计信息才能对信息使用者产生最大的效用？

随着会计信息质量特征概念的提出及应用，人们发现会计信息质量特征在选择会计处理方法，指导会计确认、计量和报告，评价会计信息以及会计准则等方面都起着积极的作用。会计信息质量是指会计信息满足信息使用者需求的总和（财政部会计信息质量特征研究课题，2006）。会计信息质量特征是对会计信息应具有的质量标准所做的具体描述或要求，是对会计信息质量进行评判的最一般和最基本的依据，它具有规定了会计信息为实现会计目标应具备的质量规定（葛家澍，2003）。会计信息质量特征就是会计信息具有决策有用性的特征，即会计信息所应达到或满足的基本质量要求，它是会计系统为达到会计目标而对会计信息的定性约束，也是会计主体进行会计选择所应追求的质量标准（杨金观、高永林，2004）。会计信息质量特征①是对企业财务报告中提供会计信息的基本要求，是使财务报告中所提供的会计信息对投资者等使用者决策有用应具备的基本特征。会计信息质量特征是连接会计目标与会计实务的桥梁，妥善的构建会计信息质量特征体系对于实现会计目标、规范会计实务、提高会计信息质量、构建合理的会计规范体系具有重大的理论和实践意义（郑安平，2008）。

“会计信息质量特征”这一概念源自国外的会计文献。1966 年由美国会计学会（AAA）颁布的《论基本会计理论》中第一次提出了相关性、可验证性、超然性、可定量性四条用于实现会计目标的会计信息质量评价标准。1970 年，美国会计原则委员会（APB）② 提出了“财务会计基本特征、一般目的和质的目标（Qualitative Objectives）”，即把会计信息的质量特征视为目标的另一部分。1980 年 5 月，美国财务会计准则委员会（FASB）在财务会计概念公告第 2 号（SFAC 2）中首次明确提出了“会计信息质量特征”的概念，并采用绘图的形式首次表达了信息质量特征的“层次”的概念。1989 年，国际会计准则委员会（IASC）发布了编制财务报表的框架，详细地叙述了财务报表质量特

① 我国财政部 2005 年 5 月在《企业会计准则——基本准则》（征求意见稿）中会计核算一般原则的提法，首次明确使用了“会计信息质量要求”。笔者认为“会计信息质量要求”与“会计信息质量特征”表达相同含义，不做区分。

② APB 为当时的美国准则制定机构。

征，并将其定义为“使得在财务报表中提供给使用者的信息有用的属性”。

### 2.2.1 FASB 对会计信息质量特征的规定

美国财务会计准则委员会 FASB 于 1980 年 5 月以《会计信息的质量特征》为题发布了 SFAC No. 2，认为会计信息最重要的质量特征是决策有用性，如图 2－2 所示，决策有用性是通过相关性、可靠性、可比性、一致性、效益性及重要性等不同层次的若干个质量属性来保证的①。相关性及可靠性是会计信息的首要质量特征。同时具有预测价值、反馈价值和及时性的会计信息才是相关的会计信息，也只有反映真实并同时具有可验证性及中立性的会计信息才是可靠的会计信息。可比性及一致性是会计信息的次要质量特征，而且会计信息只能以合理的成本提供会计信息使用人做出正确判断的项目。在评估会计信息的质量时，突出地提出相关性和可靠性并强调两者并重在西方财务会计理论中是一个转折，也是 SFAC No. 2 的一个重要贡献。相关性和可靠性不仅对信息的效用是至关重要的，而且对其他质量特征也有制约意义。

（1）相关性

就其最基本的定义而言，相关性（Relevance）是指财务报告所提供的会计信息应与投资者、债权人和其他部门或人员所做的投资、信贷和类似的决策有关。编制财务报告的目的就是要为投资者和债权人以及有关各方提供对其决策有用的会计信息。相关性反映了会计信息对决策的影响能力。美国财务会计准则委员会认为，一项信息是否具有相关性，主要由三个因素所决定，即预测价值（Predictive value）、反馈价值（Feedback value）和及时性（Timeliness）。

①预测价值。如果一项信息能帮助决策者预测过去、现在及未来事

① FASB. SFAC No. 2，1980. par. 6.

项的可能结果，则此项信息就具有预测价值。决策者可根据预测的可能结果做出最佳决策。因此，预测价值为相关性的重要因素，它具有改变决策的能力。

②反馈价值。一项信息如能使决策者证实或更正过去决策时的预期结果，即具有反馈价值。把过去决策所产生的实际结果反馈给决策者，使之与当初作决策时所预期的结果相比较。即知过去的预期是否有误，将来再作同样决策时可将其作为参考。因此，反馈价值也有助于决策者的决策。

③及时性。所谓及时性是指信息应在失去影响决策的能力之前提供给决策者，它是附属于相关性的。信息只具备及时性不一定能成为相关的信息，但是倘若不及时，相关的信息则肯定会变为不相关。因此任何信息如果要想影响决策必须在决策前及时提供。

（2）可靠性

所谓可靠性（Reliability）是指为了确保信息能免于错误及偏差，并能忠实反映它意欲反映的现象或状况的质量。信息如果不可靠不仅无助于决策，而且还可能造成错误的决策，因此可靠性也构成信息的主要质量。一项信息是否可靠可就其三个组成因素加以衡量，即如实反映（representational faithfulness）、可验证性（verifiability）和中立性（neutrality）。

①如实反映。所谓如实反映，是指一项计量或叙述与其所要表达的现象或状况应一致或吻合。

②可验证性。所谓可验证性，是指具有相近背景的不同个人分别采用同一计量方法，对同一事项加以计量能得出相同的结果。换言之，可验证性确保会计人员正确而无偏差地使用其所选择的方法加以计量，不论该方法是否适当，计量人已正确地使用并未掺杂其个人的偏见。

③中立性。中立性意味着对预知的结果不掺杂偏向。会计人员不能为了达到想要得到的结果或诱使特定行为的发生，而将信息加以歪

曲或选用不适当的会计原则。在美国财务会计准则委员会的概念框架中中立性显得特别重要，它已成为该委员会制定会计准则的一项方针。

（3）可比性

所谓可比性，是指能使信息使用者从两组经济情况中区别其异同的质量特征。当经济情况相同时，会计信息应能显示相同的情况；反之，当经济情况不同时，会计信息亦应能反映其差异。为了达到可比性，相同的经济事项应采用相同的会计原则或方法，而不同的经济事项则应采用不同的会计原则或方法。可比性不仅指在同行业的不同企业间的比较，还可以按同一个企业在不同时期之间的比较。如通常以历史趋势比较，为此要求一个企业采取的会计政策保持一贯性或一致性，不任意变更会计处理方法。可比性被认为是具有相互作用的会计信息质量要求。

（4）一致性

一致性有多种不同的解释。它可指一个独立的企业或会计个体在各时期应使用相类似的计量概念，或指某一时期一个企业或会计个体的报表项目中的有关项目应使用相类似的计量概念和程序。一致性并不意味着企业绝对不能变更会计方法或原则。当原有会计方法所赖以存在的客观环境变化之后，或者新的方法能够提供更为精确、更为有用的信息时，应适时地变更会计方法。一致性不应成为阻止会计变更的借口。

上面分析了良好会计信息应具备的质量特征，但并非所有相关可靠的会计信息都应该提供，而应考虑下面两个限制条件。

（5）成本效益关系

会计信息对公司而言可能增加经营效率，获得资金的融通或吸引投资；对投资者和债权人而言，可充分地了解投资报酬及风险，使其资金处于最佳运用状态。但是会计信息也是一种商品，提供和使用会计信息需要花费成本。只有当会计信息所能带来的效益高于其成本时才值得提供，这是对会计信息的普遍性约束条件。会计信息的成本包括收集、整理、编制报表、查核鉴证、分析及解释所花费代价等。这些成本大部分是由企业负担，但也可能转嫁给财务报表的使用者，只有其利益超过成本时才能够提供会计信息。

（6）重要性

对会计信息而言，所谓重要性（Materiality）是指当一项会计信息被遗漏或错误地表达时，可能影响依赖该信息的人所作出的判断。换言之，该项信息的重要性大到足以影响决策。

在上述各质量特征中，相关性与可靠性是最主要的特征。除了受重要性、效益大于成本的限制外，信息的相关性越大，可靠程度越高，越是合乎需要，也就越对决策有用。如果这两个特征中的任何一个完全不存在，会计信息是不会有用处的。

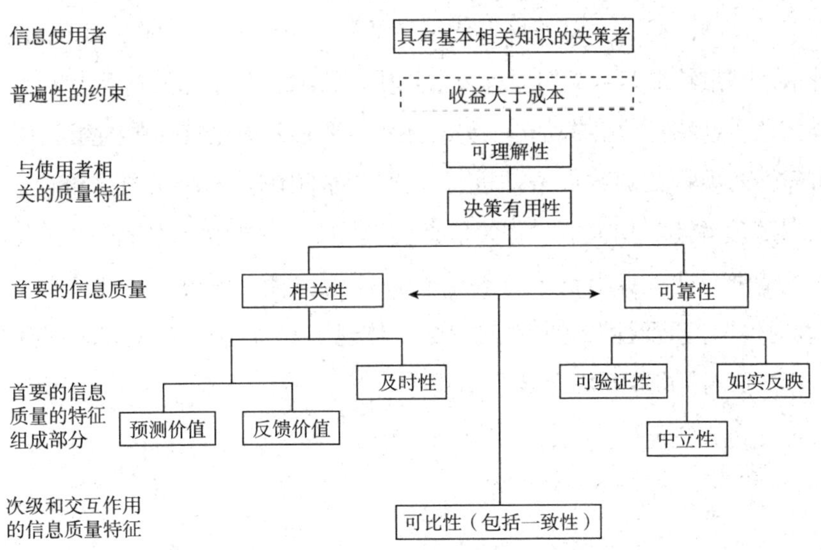


**图2－2　FASB财务会计概念公告中的会计信息质量特征层次结构**

### 2.2.2 IASB 对会计信息质量特征的规定

国际会计准则委员会（IASC）在 1989 年 7 月公布的《关于编制和提供财务报表的框架》将质量特征定义为“是使财务报表提供的信息对使用者有用的那些性质”，并对财务报表的质量特征做了说明，提出财务报表应当具有可理解性、相关性、重要性、可靠性、如实反映、实质重于形式、中立性、审慎性、完整性、及时性和可比性 11 项特征，并进行了归类[①]。其中可理解性、相关性、可靠性和可比性是财务报表的主要质量特征。会计信息的相关性要受其性质及重要性程度的影响；可靠性要受如实反映的程度、中立性及完整性的影响，而且如实反映要考虑交易或事项的实质，立场中立在不确定事项或交易的处理上还应当持审慎的态度。

IASB 在 2001 年采用了由 IASC 在 1989 年发布的财务报告编报概念框架，详细论述了“财务报表质量特征”，如图 2 - 3 所示。IASB 把会计信息质量特征归纳为四项首要信息质量特征，并在此基础上提出了首要信息质量特征的组成部分，另外还对首要信息质量特征中的相关性和可靠性两项特征的约束条件进行了多方面的阐述。IASB 把“可比性”和“可理解性”加入了“首要信息质量特征”，使得质量特征的层次体系更清晰，进一步丰富了首要信息特征的内涵。同时，对“谨慎性”“及时性”“重要性”等特征的考虑，体现了 IASB 制定该框架时在会计目标方面与 FASB 存在分歧。

① IASC 成立于 1973 年，其目标是制定和发布国际会计准则，促进各国会计实务在国际上的趋同。1989 年 7 月发布的《财务报表编报框架》，在指导国际会计准则的制定及评价现有准则方面发挥了重要作用。2001 年初，IASC 重组为国际会计准则理事会（International Accounting Standards Board，IASB），作为制定及批准国际财务报告准则的一个独立私营机构，在国际会计准则委员会基金会（IASCF）的监督下运行。

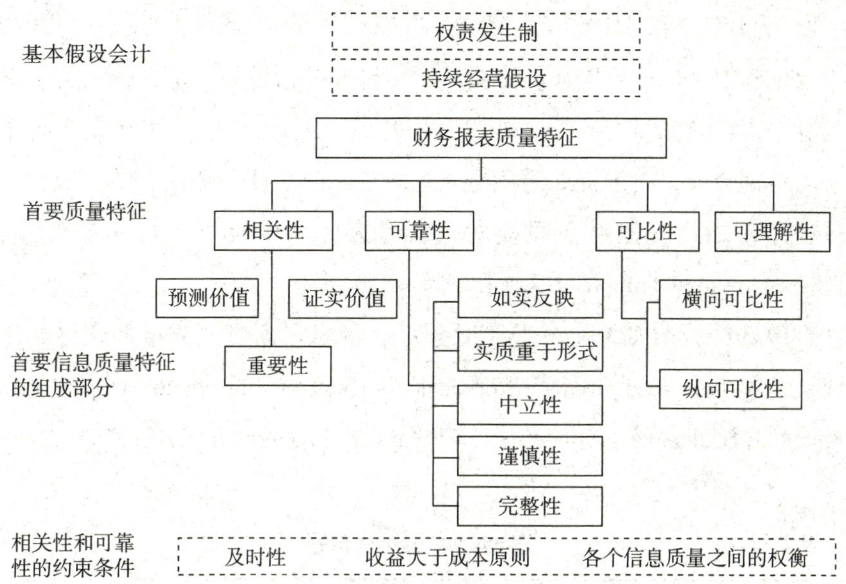


**图2-3 IASB概念框架中财务报表的质量特征层次结构**

## 2.2.3 FASB与IASB联合概念框架对会计信息质量特征的规定

### 2.2.3.1 会计信息质量特征溯源

IASB的前身IASC是参考和借鉴FASB SFAC No. 2的观点。而FASB在SFAC No. 2中提到的“相关性”和“可靠性”基本质量特征，一般认为直接根源于AICPA的Trueblood Report（1973）①。

在美国，会计准则的制定历经了会计程序委员会（CAP，1936～1959）和会计原则委员会（APB，1959～1973），但其效果始终不能令人满意。1966年，AAA发布《会计基本理论》，认为会计理论研究的起点是“确认、计量和传输经济信息的程序应对满足信息用户进行充分

① 实际上，会计信息质量特征的更早的渊源是美国会计原则委员会（APB）第四个公告《编制企业财务报表的基本概念和会计原则》（APB Statement No. 4，1970）。但是真正对SFAC No. 2产生直接影响的是Trueblood Report。

的判断和决策的需要”，开启了“以用户为导向”构建会计理论的先河（汤云为和钱逢胜，1997）。AICPA 困惑于财务会计的基本目标，认为确定该基本目标，可以在制定会计原则时发挥指导性作用（汤云为和钱逢胜，1997）。1970 年底，AICPA 召集 21 家会计师事务所代表举行了一次特别会议，决定资助两项研究：一是研究会计原则建立的方式和改进程序；二是研究财务报表的目标。为此特别设立了两个研究组，Wheat Group 和 Trueblood Group。

1973 年，AICPA 发布了“财务报表目标”项目研究组的最终研究成果，即 Trueblood Group（Report of the Study Group on the Objective of Financial Statements：Objectives of Financial Statements，Oct. 1973）。

**表 2－1　　Trueblood Report 内容**

| 内容编号 | 名　称 |
|---|---|
| 0 | 序言 |
| 1 | 目标的功能——概览 |
| 2 | 使用者的目标以及其信息需求 |
| 3 | 企业基本目标和盈利能力 |
| 4 | 受托责任和财务报表 |
| 5 | 财务报表——企业目标实现情况的报表 |
| 6 | 财务报表——历史成本和价值的考量 |
| 7 | 预测过程及其与目标的关系 |
| 8 | 政府及非营利组织财务报表的目标 |
| 9 | 企业目标与社会目标的关系 |
| 10 | 报告的质量特征 |
| 11 | 财务报表总结 |

Trueblood Report 的重心是研究财务报表的目标。首先，从会计是一个经济信息系统出发，立足于信息使用者，提出财务会计的基本功能始终是提供财务报表，而财务报表的基本目标是提供有助于信息使用者做出决策的信息；使用者的经济决策是资源分配，其决策内容是牺牲和收益，从贷款决策和投资决策的角度看，就是要提供用于预测、比较和评估潜在现金流的金额、时间、不确定性的有用信息。这些有用信息通过财务报表来提供。只有与使用者的决策具有相关性和重要性，财务信息才是有用的。

其次，立足于企业，从企业基本目标来看，会计的基本目的是计量企业期间业绩；服从于企业基本目标的财务报表的目标是提供可以预测、比较和评估企业盈利能力的信息。财务报表是企业基本目标实现情况的报告；财务报表包括财务状况表（即现在的资产负债表）、收益表和财务活动报表。通过财务报表提供预测、比较、评价企业盈利能力的信息，应同时使用不同的计量基础。计价基础的选择应考虑可靠性、精确度和应用成本限制等因素。这种体系实际上就是会计“信息观”和“计量观”的矛盾组合。

（1）信息观认为，财务会计的基本目标是提供关于预测、比较、评估企业潜在的现金流的金额、时间和不确定性的信息，以有助于使用者做出牺牲与收益的决策，进行资源分配。（2）计量观认为，财务会计就是通过选择恰当的计量基础，计量企业内部业绩；财务报表是提供企业基本目标实现情况的报告，财务报表的目标是提供预测、比较和评估企业盈利能力的信息。

以上相互抵触的体系看，相关性产生于会计的“信息观”，而可靠性产生于会计的“计量观”。相关性实际上是“会计信息系统论”下“决策有用性”目标的延续，按照 SFAC No. 2 的解释，它强调“决策价值”“反馈价值”和“及时性”，它既是对会计信息的要求，也是对使用者决策过程的要求；而可靠性源自与企业的性质和目标相联系的“会计计量观”，它首先是对计量基础选择的要求，同时也是对计量结果的要求，与会计反映过程与会计反映结果相联系，按照SFAC No. 2 的解释，它强调“中立性（不偏不倚）”“如实反映”和“可验证性”，是对会计核算过程准确性和会计核算结果真实性的要求。

相关性和可靠性分别产生于不同的会计观念：相关性根源于会计信息系统，是一个与信息使用者决策相联系的概念，而可靠性（如实反映）决定于企业性质与目标，立足于会计计量，二者不具有关联性。FASB 说“有些时候二者相互冲突、不可兼得”，IASB 和 FASB 等困惑于二者之间的相互关系，也就不难理解了。

总之，如果坚持会计信息系统论下的会计“信息观”，就应该坚持“相关性”基本质量特征；如果坚持会计是计量企业业绩目标实现程度的会计“计量观”，则应坚持“可靠性（如实反映）”基本质量特征。如果要同时坚持会计信息质量特征的“相关性”和“可靠性（如实反映）”，就必然是“信息观”和“计量观”的“混搭”，从而可能相互矛盾。

#### 2.2.3.2 FASB 与 IASB 联合概念框架的会计信息质量特征

随着会计准则国际趋同的进展，国际会计准则理事会（IASB）和美国财务会计准则委员会（FASB）均对财务报表列报进行了改革：2004 年 IASB 与 FASB 在伦敦举行了第三次联合会议，就双方是否应当共同制定一套概念框架进行了探讨。同年 10 月，IASB 与 FASB 联合立项，并决定建立共同的财务会计概念框架项目列入联合项目的工作日程。2006 年 7 月 IASB 与 FASB 发布了第一阶段的研究成果《财务报告概念框架：财务报告目标和决策有用的财务报告信息的质量特征》的初步意见讨论稿以征求意见，并且于 2008 年 5 月发布了“征求意见稿”。2010 年 9 月 FASB 发布了第 8 号概念公告，同年 10 月 IASB 正式发布“定稿”，替代了《1989 年财务报表编报框架》，也就形成了现行的国际会计准则中所列式的内容。

FASB 与 IASB 联合发布的“财务报告概念框架”中，会计信息质量特征形成了一个逻辑关系严密、内在相互联系的体系，将会计信息质量特征分为两个层次，其主要内容包括：基本的质量特征（Fundamental Qualitative Characteristics）、增进的质量特征（Enhancing Qualitative Characteristics）以及普遍性的约束条件。把重要的特征归入基本信息质量特征，把相对不那么重要但是对增强财务报告有用性不可缺少的特征归入强化信息质量特征。

联合概念框架的会计信息质量特征体系中，基本的质量特征主要包括相关性（relevance）和如实反映（faithful representation）①。其中，每个基本的质量特征又包含若干下属的组成部分。基本的质量特征归纳如下：基本的质量特征——相关性和如实反映，其中相关性包括预测价值（predictive value）、确证价值（confirmatory）和重要性（materiality），如实反映包括完整性（completeness）、中立性（neutrality）和无差错（free from error）；增进的质量特征——可比性（comparability）、可验证性（verifiability）、及时性（timeliness）和可理解性（understandability）；财务报告的成本约束。联合概念框架质量特征的层次结构如图 2 – 4 所示。如果在具备相关性和如实反映的基础上，会计信息再具备可比性、可验证性、及时性和可理解性，则其决策有用性会得到进一步的提高。但如果一项财务信息是不相关或不如实反映的，则无论几项增进的质量

---

① 联合概念框架对于“相关性”的组成因素继承了 IASB 原来的做法，服从“决策有用”的财务报告目标。但是用“如实反映”代替了“可靠性”，原因是 FASB 和 IASB 认为，“可靠性”一词并没有在以前任何一份财务报告概念框架中被清楚地表达，会计准则制定者并没有很好地理解“可靠性”并在准则制定过程中合理运用，缺乏操作性。“如实反映”意味着财务信息应包括所有有助于信息使用者理解的信息，不应含有偏见等非公允反映事实的情况，但并不意味着财务信息需要在所有方面完全准确。在此基础上，联合概念框架把原有概念框架中“谨慎性”“实质重于形式”等特征剔除了，因为它们不符合现有体系的定义。如，谨慎的会计信息并没有如实反映企业财务状况和经营成果，而“实质重于形式”探讨的是要求财务报告如实反映经济业务发生的状况，其本身已经被包含在“如实反映”的表述当中。联合概念框架中也没有包括 IASB 概念框架中原本包括的“权责发生制”和“持续经营假设”的内容，因为 IASB 和 FASB 认为这些内容属于会计基本假设，不应包括在财务信息质量特征体系当中。

特征，也不能使该信息有助于决策。可见，基本的质量特征决定了会计信息是否有用，而增进的质量特征则决定了有用的会计信息是否更加有用。

（1）基本的质量特征

基本的质量特征是对会计信息进行初级筛选的标准。那些符合基本的质量特征的信息即被认为是有用的；反之，则是具有误导性的（misleading）。

①相关性。与IASB框架（1989）相比，现行的质量信息特征体系认为“相关的财务信息是指能够对决策者产生影响的信息（即使某些决策者得知了这一信息但并没有对其进行利用）”。相关性所包含的组成部分主要有：预测价值、确证价值和重要性。其基本上完全沿用了IASB框架（1989）的内容，而与IFAC No.2中所列示的预测价值、反馈价值和及时性相比。虽然反馈价值与证实价值的文字表述不同，但是，其二者的含义基本相同，即确认之前所估计的信息。另外，相关性的水平受到会计信息本质及其重要性水平的影响。

②如实反映。此次发布的质量特征体系中另一大变化就是：用“如实反映”替代了原来的“可靠性”。如实反映是指财务信息必须是完整、中立、无差错的，以达到反映经济现象本质的目的。完整性是指会计信息包含了所有对信息使用者而言有必要包含的描述及解释。中立性是信息提供者在选择和列报财务信息是不得有偏差，即：所提供的信息不能为了影响使用者的决策而被操纵。有差错是指在描述经济现象并编制财务信息时没有错误和遗漏。值得注意的一点是：有差错并不意味着所有的会计信息全部是百分之百确定的。例如，针对会计估计和假设，我们的预测和实际结果总会存在一定程度的差别，但是，这并不意味着这一会计信息没有被真实公允地反映及列报。总而言之，如实反映是指用文字语言和数字表示了某一经济现象的本质，需要特别注意的是：实质重于形式（substance over form）已不再是体系中的一大质量特征，因

为只有依据实质重于形式的标准才可能对某一经济事项进行真实公允的反映，即实质重于形式已经包含在如实反映中，故不必再单独作为一条质量特征。

（2）增进的质量特征

增进的质量特征是对符合基本的质量特征的会计信息所进行的二次筛选，是对其有用性程度高低的检验。符合增进的质量特征的信息被认为更加有用；反之，则有用性的程度较小。增进的质量特征体系主要包括：可比性、可验证性、及时性和可理解性。

①可比性。可比性是指“信息使用者能够识别和理解不同事物之间相似之处及存在的差异”。可比性既可以指横向可比——不同主体之间对于同一会计信息的比较，也可以指纵向可比——同一主体不同时期的会计信息的比较。可比性同时包含了一致性，即同一会计主体在不同时期或同一时期不同部门所提供的会计信息在格式和内容上应保持一致。值得注意的是：可比性并不等同于统一性（uniformity），当企业所采用的会计准则不再使用时，为了更加真实、公允地列示会计信息，变动会计政策是十分必要的、也是法律及准则所允许的。对于可比性而言，会计政策和前期对应信息的披露是十分必要的，其直接关系到可比性程度的高低。对于联合概念框架下的会计信息质量特征体系，其初步意见稿和征求意见稿均将可比性列为基本的质量特征，然而，在最终发布的定稿中却将其移至增进的质量特征这一层次。可见，可比性这一质量特征的确重要，但是，却次于相关性和如实反映。

②可验证性。可验证性是指独立的、具有不同知识背景的观察者对信息是否真实公允列报达成一致的意见。其目的是强化信息使用者对经济事项本质的理解。较之IASB概念框架（1989），可验证性是新增的一条质量特征，这是IASB和FASB共同合作讨论的结果。

③及时性。及时性是指将信息在失去决策效用之前提供给使用者，

以使其作出正确的决策。一般而言，信息越久远，其决策效用就越小。但是，一般而言，及时性和如实反映有一定的冲突。当某一交易事项所有方面的信息未完全得知时，若依据及时性的要求进行披露，信息可能是不完整的、有差错的——这就违背了如实反映的原则。反义，若等到某一事项的所有细节均得知后再来披露信息的话，由于其已经不具有相关性，所以披露也毫无意义可言。对于此问题，最好的解决方法就是：在最大限度地满足信息使用者作出经济决策需求的基础上，平衡及时性和如实反映之间的关系。

④可理解性。可理解性是指对于具有一定程度商业、经济知识并且愿意花费精力去分析数据的信息使用者而言。财务报表所披露的信息对其而言应该是可理解的。可理解性并不意味着企业可以在编制财务报表时删除那些难以理解的经济事项。因为这种举措将导致信息无法真实公允地列示。同时，在质量特征体系中也有明确提及，即使是勤勉的、明智的决策者，对于那些本质上就十分复杂的经济事项有时也需主要寻求专业人士的意见。与可比性类似，可理解性在质量特征体系中也由主要质量特征降为增进的质量特征。

联合概念框架中明确指出基本的质量特征决定了会计信息的决策有用性①。有用的信息必须是与会计信息使用者的使用目的是相关的，而且信息要充分说明。IASB 认为如果一项信息具有预测价值、确证价值或同时具有两个价值性质，可以导致信息使用者的决策差异，则该信息具有相关性。如果一项信息如实反映所应反映或理当反映的信息，则该信息具有可靠性。会计信息要想实现如实反映，必须是完整的、中立的、无差错的信息。联合概念框架借助相关性和如实表述与经济现象之间的关系指出了相关性应当是首先予以考虑的质量特征，即如实反映排

① 中国会计学会．联合概念框架与公允价值研究［M］．大连：大连出版社，2010：38.

在相关性之后予以考虑（见图2－4）①。

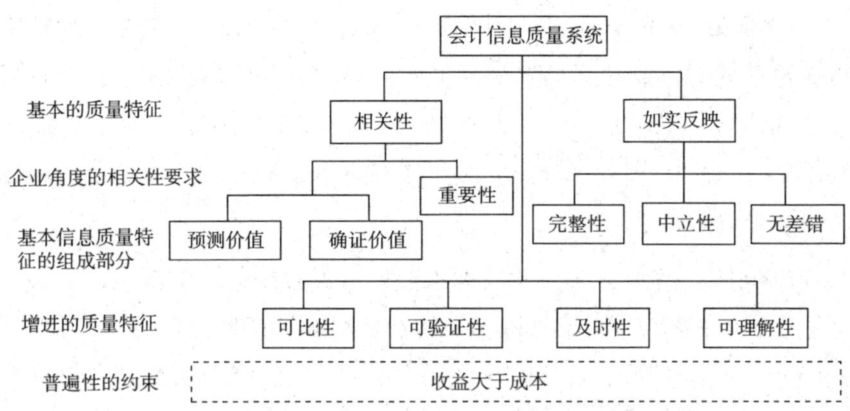


**图2－4　联合概念框架中财务信息质量特征层次结构**

自2003年以来，IASB针对概念框架中的会计信息质量特征做多次部分修改。由于会计信息质量特征不是一个不变的真理，其内容的修改是有必要的。但是对于处理财务报告中最基本内容的会计信息质量特征的性质来讲，会计信息质量特征的内容构成在一定程度上存在着问题。针对这些质的属性，只从概念上接近，缺乏实证分析结果的支持是其原因之一。

① 联合概念框架是借助于相关性和如实反映与经济现象之间的关系来界定二者的逻辑顺序。联合概念框架指出，经济现象是指经济资源、对这些经济资源的要求权，以及使它们发生变动的交易、事项和情况。相关性解决的问题是：将经济现象与财务报告使用者的决策联系起来，运用相关性将确定哪些经济现象应当在财务报告中予以描述。如实反映解决的问题是：采用何种方法描述经济现象。联合概念框架根据上述关系得出结论，相关性应当是首先予以考虑的质量特征。因为，如果一个经济现象与使用者的决策是无关的，那么在此情况下考虑其他的质量特征是毫无意义的。而一旦确定了哪些经济现象是与决策相关的，接下来就要运用如实反映来决定采用何种方法描述这些经济现象。因此，如实反映应排在相关性之后予以考虑。联合概念框架指出，运用基本的质量特征最有效的方式是遵循如下的程序（due process）：步骤（1）确定信息是否对会计信息使用者有用。如果答案是肯定的，进入步骤（2）：确定该信息最为相关且能如实反映的信息类型；（3）若存在这样的信息，则基本的质量特征就达到了令人满意的结果；若不存在这样的信息，则运用次级最相关的信息重复（2）至（3）中的步骤。

### 2.2.4 会计信息质量特征相对重要性的观点

FASB 在 SFAC No.2《会计信息的质量特征》中对相关性与可靠性的关系（相对重要性）虽然采取了模糊的态度，但是它对相关性的明显偏向却是有目共睹的。一些对准则制定有着巨大影响的职业机构（AICPA、AAA）对相关性的偏重，甚至为相关性可以舍弃可靠性的观点，亦从来不曾隐瞒过。

1989 年，IASC 在发布的《编报财务报表的框架》中认为，编制财务报表时应权衡可靠性和相关性，特别是权衡可靠性和相关性与财务报表及时提供之间的关系、可靠性和相关性与编制财务报表的效益与成本之间的关系，其中模棱两可的态度，透露出 IASC 对相关性与可靠性相互关系的困惑。

2004 年 IASB/FASB 启动概念框架联合项目后，《有用财务信息的质量特征》是最早完成的两个项目之一（2010）。在该项目征求意见阶段，IASB/FASB 就曾指出，相关性和可靠性是非常复杂的。在该章中，IASB/FASB 以“如实反映”替代了“可靠性”，并声明二者在实质上是一致的。在该概念框架的第 18 段中，对二者的运用有明确的表述：

“首先识别具有潜在有用性的经济现象；然后判别该经济现象的哪些信息与决策最为相关；在判别该现象是否可获取并能够进行如实反映。”

从这个表述看，IASB/FASB 坚持相关性第一地位的意图是很清楚的。

但是，IASB/FASB 的这一观点受到了意见反馈者的质疑。2012 年 IASB 单方重启概念框架研究以后，曾对概念框架研究进行了一个总体的回顾，IASB 原来不打算再对 2010 年已正式发布的两个章节进行意见反馈和修订，但反馈意见中对这两个章节的质疑仍然很多，IASB 自身也很矛盾，比如在第六章“计量”项目中提及相关性和可靠性时，

IASB 的声明就自相矛盾："如果财务信息是有用的，它必须是相关的，必须真实反映他要反映的"（第 6 段 9 行），但"……IASB 的初步意见是，计量的目标是……如实反映"（第 6 段 10 行）这些质疑和矛盾，成为 IASB 重新就此征求意见的根源。

# 第3章

# 文献综述与评述

## 3.1　盈余质量（指标）的文献综述

从理论角度上来讲，会计盈余质量的实务评价活动伴随会计盈余的产生而不断发展，但是相关理论研究较实务评价活动稍滞后，是发展到一定基础之后才开展的。国外对盈利质量的研究较早，研究成果也比较丰富，但是对于盈余的评价并没有形成统一的认识。近几年，关于会计盈余质量的实证研究从特定角度对盈余质量评价的较多，系统和整体的研究较少。目前会计盈余质量的体统研究尚不多见，研究者在设计会计盈余质量的评价指标时往往是从单一指标或者单一角度出发，实际上只是评价了盈余质量的一个方面，而不是全面。有些研究者提出了多指标评价模型，但在评价盈余质量的指标选择上，尚不科学和准确，权重确定方法也不尽合理，模型的有效性也缺乏严密的论证。

### 3.1.1　盈余的预测价值

盈余的预测价值是指以盈余本身的预测能力，是联合概念框架中提出的基本质量特征中相关性的一个构成要素。盈余的预测价值是对未来盈余或者未来现金流量，依照本期盈余及其构成要素的回归模型，用剩余收益率的绝对值或者是剩余收益率的标准偏差来测定〔利佩（Lipe，1990）；巴斯等（Barth et al. ，2001）〕。

拉奥（Rao，1996）用盈余预测价值作为盈余质量的代理变量，研究盈余质量是否与养老金计划倾向相关。研究认为养老金计划倾向可以帮助投资者预测未来的盈余，假设发起不固定养老金计划的公司更倾向于投资风险资产来获得较高利润，并采取更缺乏谨慎性的利率来掩饰它们的困难。研究结果与以上假设一致，不固定养老金计划的公司的盈余比完全固定养老金计划和高度固定养老金计划的公司的盈余更缺乏预测性。研究中的预测价值也是指盈余数字预测未来现金流量的能力。

米哈伊尔等（Mikhail et al. ，2003）利用过去盈余和未来现金流量的关联性，根据股分红利检定市场参与者之间反映的关系，科恩（Cohen，2004）以会计收入是否正确反映企业核心的经济基本要素为焦点，为分析选择企业的财务报告、相关的决定因素及其经济意义，把会计盈余质量定义为盈余与未来营业现金流量的高度相关，并且以营业现金流量和发生额构成要素来划分盈余，得出会计盈余质量指标，同时分析了与资本费用的关系。费尔菲尔德等（Fairfield et al. ，1996）为检验盈余分解后的预测内容，利用样本外（out-of-sample）预测方法预测下一期净资产收益率（$ROE_{t+1}$），显示盈余的分解提高了报告盈余的预测能力。

### 3.1.2　盈余的持续性

由于显示出的盈余的持续性是反复的，因此可以看作可取的［潘曼等（Penman et al，2002）；理查森（Richardson，S. ，2003）］。一般情况下，盈余的持续性关于未来利润，依照本期利润的回归模型，通过回归式的倾斜系数来测定［列弗（Lev，1983）；斯隆（Sloan，1996）］。

利佩（Lipe. R. C. ，1990）认为会计收益的持续性主要应该着重考察收益中没有预测到的那部分在将来会计期间再次重复发生的可能性有多大。

列弗和蒂亚根（Lev and Thiagajan，1993）研究中发现基于时间序列模型求得的盈余持续性的取值不能很好地代表盈余持续性，因为它是基于长期的不稳定的盈余序列得出的。因此，他们定义了 9 个财务变量，并使用这些变量进行综合度量，由此求得基本分数。最后发现，用基本分数度量盈余持续性比用时间序列度量盈余持续性效果更好。

罗摩克里希南和托马斯（Ramakrishnan and Thomas，1991）指出不同的盈余构成要素具有不同的持续性。他们运用持续性标准将盈余区分为下面三大类：第一类是永久性盈余，这类性质的盈余预计会持续到未来年度；第二类是暂时性盈余，这类性质的盈余只存在于当年年度，而不会持续到未来期间；第三类是无影响性盈余对股票价格无影响的盈余，这类性质的盈余既不影响当年年度的经济业绩，也不影响未来期间的经济业绩。持续性盈余是企业综合素质和发展能力的体现，对企业未来盈余有较强的预测价值，而暂时性盈余和价格无关盈余没有持续性，对企业未来盈余无预测价值。持续性越强，盈余质量越高。另外，在考核盈余持续性时应该考虑行业的影响，因为不同行业其盈余的持续性不同。

波特和雷伯恩（Potter and Rayburn，1993）利用根据时间序列模型求得的盈余持续性作为盈余质量的代理变量，通过研究在 SEC 要求必须进行季度报告之前自愿进行中期披露的情况，测试了报告频率与盈余质量的联系，结果显示盈余质量与报告频率之间是正相关的。

伊斯顿和齐米耶夫斯基（Easton and Zmi jewski，1991）选取低阶时间序列模型来估计收益的持久性，而利佩和科门迪（Lipe and Kormendi，1994）选取了高阶时间序列模型对收益质量进行度量。巴金斯基和布兰森（Baginski and Branson，1991）等主要对收益持久性的影响因素进行了考察，选取了影响力比较大的因素作为研究对象，主要包括企业规模大小、资本密集程度高低、准入“门槛”的高低以及相关产品种类等，其研究结果还发现较低阶时间序列模型相比高阶模型具有明显的优越性。

科恩（Cohen，2004）揭示了会计盈余是否正确反映企业的核心经济要素的问题。为了分析与企业的财务报告选择相关的决定要素及经济意义，把会计盈余质量定义为利润和未来营业现金流量的高度相关程度，并且把盈余指标分为营业现金流量和应计利润的构成要素计量会计盈余质量指标，分析选择和资本费用之间的关系。

### 3.1.3　盈余的及时性

目前许多学者研究发现，上市公司选择何时进行其相关盈利信息的披露与其所要披露的盈利信息质量之间是具有一定的联系的。鉴于公司运营有许多不确定性因素的存在，所以其实际盈利状况与预测值之间必然会有一定差距，不可能完全吻合。

鲍尔和布朗（Ball and Brown，1968）发现在盈余宣告之前，年度盈利报告中85%的信息已被包含在股价中。看起来市场使用了其他的信息来源，而且公司报告信息的时间越晚，市场就越可能从其他来源搜集信息。本斯顿（Benston，1967）也发现年度盈余公布之前股价就有反应了。比弗（Beaver，1968）对 NYSE 143 家上市公司 1961～1965 年股价的周数据进行处理，发现在盈余公布当周股价变动的方差是其他周股价变动方差的1.67 倍，说明会计盈余具有一定的及时性和明显的信息含量。吉尔沃利和帕尔蒙（Gilvoly and Palmon，1982）从年报披露时间趋势及行业模式、及时性与年报消息类型、公司特性、及时性与年报信息含量几个方面进行了研究，进行实证检验结果是样本公司的年报披露时间呈现逐年缩短的趋势，包含坏消息的年报容易推迟披露，公司规模与年报签署时间成反比，股价对较早披露盈余的市场反应更显著，由此表明盈余披露越及时其信息含量越大。

钱伯斯和潘曼（Chambers and Penman，1984）发现市场反应与盈利报告的及时性有关。选取了100 家上市公司对其盈利信息披露之后股价的波动进行了研究，结果发现当盈余数据比预期提前公布时，市场反应较大；而当盈余数据延迟公布时，市场反应较小。

巴尼奥利，克罗斯和沃茨（Bagnoli，Kross and Watts，2002）的研究证实了盈余公告的市场反应与公司实际披露日相对于盈余宣告预计日期而言是否早、及时或晚有关。他们认为，公司盈利的这种实际与预测之间的差距存在对于公司披露盈利信息的时机选择有着重要影响。追求较高的盈利是企业奋斗目标所在，而当实际盈利水平没有达到或者低于预期的水平时，这对公司来说必然不是一件利好的事情，此时公司会更倾向于选择较晚披露其实际盈利状况信息。反之当企业实际盈利达到或者明显高于其之前的预测水平时，公司自然会选择较早公布这一利好信息，这对公司股价也会产生较好影响。如上所述，及时性是盈利报告的一个重要质量特征，因为如果市场没有及时获得相关信息，那么信息的有用性也就无从谈起。

### 3.1.4 盈余反应系数（ERC）

在对会计盈余信息含量的研究中，通常采用回归分析法来检验盈余对股票超常收益的影响程度，其中盈余变量的回归系数即盈余反应系数（ERC）被用来度量盈余质量。此种观点是基于市场反应来对上市公司盈余质量进行分析，其影响是较大的。

最早对盈余反应系数（Earnings Response Co-efficient，ERC）的研究起源于20世纪60年代，美国会计学家鲍尔和雷（Brown and Ray）首次通过研究证实了公司的股价会对会计信息作出反应。在他们研究之后，对盈余反应系数的研究成为会计实证研究的一个重要方向。

ERC研究的理论框架是以公司估价模型为基础的。更进一步讲，是以现金流量折现模型作为研究的基点，从信息经济学视角考察会计盈余与股票价格。由于盈余质量将对当期盈余与未来股利联系的紧密程度产生影响，因此市场将会对质量更高的盈余做出更为强烈的反应，从而表现伴随盈余质量上升，ERC也将上升。科门迪和利佩（Kormendi and Lipe，1987）通过研究证实了财务报告盈余的持续性和ERC的正相关关系，企业的盈余越具有持久性，则ERC越大。科塔里和柯林斯

（Kothar and Collins，1989）通过研究也得出了类似的结论，即盈余反应系数与盈余的持续性之间存在正相关关系。德肖（Dechow，1996）通过研究发现较高的上市公司的盈余质量较高，并且认为公司的盈余质量越高，企业股票收益也较好。德肖，彭曼和斯隆（Dechow，P. M. and R. G. Sloan，1996）的研究提出了盈余质量与股票收益间的正相关性，认为盈余质量较好的公司，具有较高的盈余反应系数（ERC），股票价格会有正面的反映。

另外，如果某事件（如会计准则变更）导致 ERC 提高，也可说明该事件导致会计盈余质量的提高［斯瓦米纳坦（Swaminathan，1991）；平卡斯（Pincus，1991）；徐洪涛和黄德尊（Teoh and Wong，1993）］。因此，以 ERC 作为盈余质量的计量标准有一定的理论基础。

### 3.1.5　应计利润（或应计质量）

应计利润，是指不直接形成当期现金流入或流出，但按照权责发生制和配比原则应计入当期损益的那些收入或费用（或者是净资产的增加或减少部分），比如：折旧费、摊销费、应收款项增减等。会计盈余与现金流量越接近则越可取［哈里斯等（Harris et al.，2000）；潘曼（Penman，S.，2001）］。应计质量主要用于衡量应计利润与现金流量的对应程度。

2002 年，在由美国会计学会（AAA）主办的关于盈余质量的研讨会上，盈余质量被定义为“随着时间流逝，由应计制所确认的收益数额与公司流入的现金数额的弥合程度”。也就是说，盈余质量是指会计收益转化为现金能力的大小或高低。如果当期会计盈余中包括高比例的应计利润，由于应计利润在未来转回时存在一定的风险，这必然会影响盈余的稳定性和预测力，导致盈余质量较低；反之当期会计盈余中较低比例的应计利润则意味着较高的盈余质量。

克莱因和托德（Klein and Todd，1993）通过测试本年应计利润和盈余宣布期间的现金流量的联系来评估盈余质量。克莱因和托德

(Klein and Todd, 1993) 证实与现金流量变化有密切联系的未预期盈余比与现金流量联系较少的未预期盈余更具有有用性。他们认为这是因为未来股利用现金支付，能产生更多现金的未预期盈余可以更好地预测长期股利，而与不能产生现金或很少产生现金的未预期盈余则不然。

斯隆 (Sloan, 1996) 系统研究了应计利润和现金流量同股票价格的相关性。他认为应计利润是盈余质量的指示器，即盈余质量的一种关键测度是净收益与经营现金流量的差异。虽然当时斯隆 (Sloan, 1996) 中并未明确采用"盈余质量"这一术语，但并不影响其论文事实上成为盈余质量研究的重要学术文献。斯隆 (Sloan, 1996) 将会计盈余分成应计利润和经营现金流量两部分，并通过未来会计盈余对应计利润和经营现金流量的回归来进行盈余质量的研究，回归方程如下：

$$Earnings_{i+1} = r_0 + r_1 Accruals_i + r_2 CashFlows_i + V_{i+1}$$

斯隆 (Sloan, 1996) 实证分析表明，应计利润可在一定程度上防止因企业利润操纵而给报表使用者带来的误导，因为企业虽然能操纵账面收益，但无法带来相应的现金流量。

另外，一些研究从盈余管理的视角考察盈余质量。弗兰克尔，约翰逊和纳尔逊 (Frankel, Johnson and Nelson, 2001) 采用基本琼斯 (Jones) 模型估计出非正常应计利润，然后以公司平均总资产作为标准化因子，通过标准化后的非正常应计利润来度量盈余质量。但是盈余管理同盈余质量存在明显的区别。盈余管理行为是导致盈余质量低下的一个重要原因，但并不是唯一的原因。

德肖和迪切夫 (Dechow and Dichev, 2002) 则从应计和现金流之间的概念关系发展了一个关于盈余质量的计量模型。为把现金流量在适当的时机以会计利润的企业成果指标来识别，将调整过程理解为应计额，周转资本应计额（流动应计额）对前期、基期和后期现金流量的实现程度以应计额来推定。研究中，将前期、基期和后期的营运资本变动额按企业进行了回归分析，以此得出残差的标准误差，作为应计质量指标。德肖和迪切夫 (Dechow and Dichev) 模型不需要预先假设会计基本面数据中立性，提出现金流量和当期应计之间的对应关系，该模型捕获了盈余管理与经济环境变化对盈余质量的联合影响，因而相对于盈余管理计量模型，德肖和迪切夫（Dechow and Dichev）模型在盈余质量的度量上更具有魅力。

McNichols（2002）指出德肖和迪切夫（Dechow and Dichev）模型存在的问题，并提出了追加销售额变动额和有形资产为独立变量的回归模型。

### 3.1.6　盈余的各种属性

列弗和塔加拉贾斯（Lev and Thiagarajans，1993）从财务分析师在进行证券分析时经常运用的财务量中挑选出存货、应收账款、资本性支出、研究与开发费、毛利、销售及管理费用、坏账准备、实际税率、储备订单、劳动力、后进先出法盈余、审计意见类型 12 个基本信号作为评价盈余质量的指标，并对每一个基本信号根据其符号情况分别赋值 1 或 0，把所有基本信号的分值相加后以其总和来计量和评价盈余质量。他们把样本公司按得分高低分成五组，应用回归分析检测各组的盈余反应系数（ERC），发现盈余质量高的样本组其 ERC 也更高，盈余质量低的组盈余反应系数小，从而验证了盈余质量同 ERC 存在正相关。

Abarbanell and Bushee（1997，1998）直接使用了列弗和塔加拉贾斯（Lev and Thiagarajans，1993）评价盈余质量 12 个基本信号中的 9 个，包括存货、应收账款、毛利、销售费用、资本支出、有效税率、存货方法、会计师评级及员工销售能力等指标，但符号及赋值与列弗和塔加拉贾斯（Lev and Thiagarajans，1993）正好相反。他们以 1974 ~ 1988 年的资料建立模式，再将此模式预测 1989 ~ 1993 年间的累积超额报酬。研究结果发现基本面指标所提供有关未来盈余的信息，与未来盈余有相关性，当盈余宣布后，会产生显著的异常报酬。

Barone（2003）中以列弗和塔加拉贾斯（Lev and Thiagarajan，1993）的基本属性（fundamentals）和财务报表项目之间的关系为依据，提出了盈余质量的两个代理变量，并验证了盈余质量与资本成本之间的负相关关系。

Francis 等（2004）利用盈余属性代理变量的应计质量、持续性、预测性、平滑性、价值相关性、及时性和保守主义 7 个盈余属性，分析了这些个别指标与投资者的资源分配决策的代理变量，即资本成本之间的关系。结果得出，7 个属性中应计质量、持续性、平滑性和价值相关性 4 个属性与资本成本代理变量的关系是与预期的方向一致并且统计上是有效的。其中，应计质量是在资本成本效果方面最具有支配性的属性。

台湾学者刘博文（1996）参考列弗和塔加拉贾斯（Lev and Thiagarajans）所提出的 12 种指标，从中挑出经济意义较强的存货、应收账款、毛利、管销费用、备抵呆账、研究发展、员工生产力、会计师意见 8 种指标，以台湾地区上市公司 1988 年至 1993 年的财务年报为样本，研究盈余质量与股票报酬之间的关联。其研究结果表明，8 种指标中有存货、应收账款、备抵呆账、研究发展、员工产值及会计师意见这 6 项与股票报酬有相关，显示盈余质量分析对投资决策有一定的效果。

柳木华（2003）选择了 8 个指标作为反映盈余质量的信号，利用中国沪深股市 1995 ~ 1999 年的数据就市场对盈余质量的 8 个信号指标的反应进行考察。这 8 个指标分别为毛利、营业和管理费用、非经常性利润、实际税率、存货、应收账款、资产减值准备及审计意见。不过与列弗和塔加拉贾斯（Lev and Thiagarajans，1993）研究不同的是，柳木华（2003）是以这 8 个信号分别作为盈余质量的表证变量，因而无法直接比较公司间盈余质量的高低。而前者则以公司 12 条基本原则的得分总和来概括盈余质量，公司的盈余质量可以直接相比。

苟开红（2005）从相关性和可靠性出发，选取了四项指标，构建了一个盈余质量的评价模型。这四个指标是：（1）预测价值。预测价值是指收益信息帮助信息使用者增加正确预测未来的能力，如果信息的变动越稳定，预测就越容易，所以一般都用收益的“可持续性”作为替代指标。(2) 及时性。可以用财政年度结束到年报披露的时间跨度作为及时性的测量指标。(3) 无偏性。无偏性指的是报告信息是中性的、无偏的、没有特别的故意达到预先决定的结果或故意导致某种行为模式，用可控应计利润的大小作为衡量指标。(4) 表象真实性。表象真实性是指对收益的描述和支持这个结果的表象特征之间保持着一致，经营性现金流的增长率除以营业收入增长率表示。把上述4个指标通过换算，采用百分制形式，最高分为100分，最低分为0分，得分越高质量越高，然后采用层次分析法计算权重，建立以可靠性为核心的收益质量指数模型：$CEQI = \delta_1 PI + \delta_2 TI + \delta_3 RFI + \delta_4 NI$。

利用该模型及对我国上市公司进行实证研究后，得出结论：目前上市公司总体收益质量水平偏低，2003年全部1000家样本收益质量指数仅为42.89分，且公司间差异较大。研究还发现上市公司在IPO过程中进行过度财务包装的证据，公司上市年限与收益质量呈现显著正相关的关系，当年新上市公司的收益质量明显低于上市超过两年或两年以上的公司。

在韩国，金文哲和崔观（1999）使用问卷调查方法分析了会计信息使用者，如：金融分析师、信用分析师、注册会计师等专家们在做出决策时是否利用盈余质量；如果是利用盈余质量，是否把盈余质量作为最重要的判断标准。在对个别专家的问卷调查中发现，他们普遍使用盈余质量的持续性、保守主义、现金周转能力、盈余变动性和盈余的可预测性等属性。全英顺（2003）把非正常应计利润、现金周转能力、盈余持续性和盈余变动性等属性作为盈余质量的代理变量，得出了盈余质量作为外国投资者决策中的一项指标使用的结论。白媛善和李秀鲁（2004）分析了保守主义与持续性2个特征之间的关系。保守主义的指标使用了潘曼和张晓君（Penman and Zhang，2002）的C分数，吉弗里和海因（Givoly and Hayn，2000）的现金流量与非营业应计额的比率，巴苏（Basu，1997）的非对称及时性系数、账面价值与市价的比率等；持续性的指标使用了净利润、超额利润和超额营业利润的一次自我回归模型系数。研究结果发现，保守主义的水平越高，净利润、超额利润和超额营业利润的持续性越低，并解释为这是由于保守主义抑制了收入与费用的配比，进而使持续性降低。

朴宗灿（2005）和崔宗西（2007）把研究期间划分为金融危机之前和金融危机之后，验证了各种盈余属性的变化。朴宗灿（2005）使用及时性和保守性作为盈余属性，崔宗西（2007）使用了应计利润和营业现金流量的预测相关性，持续性和价值相关性。研究结果显示，与金融危机前相比，金融危机后的盈余属性有了显著的改善。朴宗灿（2005）提到金融危机之后及时性和保守性增长可视为财务报表透明性提高的依据。崔宗西（2007）解释道这种结果说明了随着韩国的会计制度的改革，会计信息质量特征正在显著地变化中。南慧贞（2010）利用可预测性、持续性、盈余平滑性、应计质量和成果对应非正常应计额等会计信息质量特征的变量，分析了上市中小企业和非上市中小企业的会计信息质量特征的差异，并且验证了大型审计事务所的审计与否对会计信息质量特征的影响。

如上所述，虽然目前相关盈余质量的研究出现了上述丰富的研究成果，但以上研究中对于盈余质量的度量共同的缺点是没有从整体上把握盈余质量的含义，没有综合考虑各个影响盈余质量的因素，更没有形成一个综合评价盈余质量的指标体系。如果仅通过部分维度对盈余质量进行评价，特别是如果只评价盈余质量的一个方面而忽略其他方面，那么可能导致对公司盈余质量的错误判断。

## 3.2 会计信息质量特征的文献综述

FASB 在 SFAC No. 2《会计信息的质量特征》（1980）中提出，会计信息的首要（或基本）质量特征是“相关性”和“可靠性”以后，关于相关性和可靠性质量特征的探讨就成为会计研究的一个重要的内容。

### 3.2.1 会计信息质量特征的理论研究

会计信息质量特征的理论方面的研究主要集中在相关性和可靠性相互关系的讨论中。在美国，自从FASB在SFAC No.2《会计信息的质量特征》（1980）中提出会计信息的质量特征是相关性和可靠性，并指出“会计信息质量特征的相对权重必须根据具体情况而定”以后，对于相关性与可靠性的相互关系就莫衷一是，并成为一个经久不衰的争论话题。由于资本市场的进一步发展和信息使用者的持续不满，越来越多的人表现出对相关性的更多关注。AICPA（1994）在《改进财务报告：基于客户的视角》中，从更多地提供前瞻性信息，披露不确定性特征和非财务信息等方面，着重强调了相关性质量特征的重要性及其改进措施；Wallman（1996）在《会计与财务报告的未来Ⅱ：彩色模式》中，对符合相关性与可靠性、可定义性、可计量性模式的“彩色”财务报告模式进行了深入研究；在“彩色”财务报告模式中，相关性自始至终被认为是第一位的、必不可少的质量特征，而可靠性则是可以舍弃的（葛家澍，1999）。威廉·R·斯科特（2004）认为，显示世界总是处于非理想状态下，于是相关性和可靠性经常处于一种矛盾状态之中，需要根据具体情况进行相关性和可靠性的权衡：某一时刻应突出相关性质量特征，另一时期则应突出可靠性质量的特征。

与美国会计理论界不同，我国会计学术界从来不曾演示对可靠性质量特征的偏重。这也体现出我国会计准则体系的中国特色。葛家澍（1999）曾就AICPA的财务报告改革和Wallman的彩色财务报告模式发表评论认为，财务报告无论怎么改革，会计信息的相关性、可靠性和可比性都不可或缺，其中可靠性是基础、是中心、是会计信息的灵魂。朱元午（1999）认为，美国财务会计信息质量面临相关性与可靠性的两难选择，在可靠性得到基本保证的前提下尽可能提供相关性，进而实现会计信息的有用性，可能是一种较好的选择。夏冬林（2004）认为，财务信息应同时满足可靠性与相关性的要求，可靠性是与生俱来的。周晓苏和唐雪松（2006）从契约理论出发，基于历史成本信息和公允价值信息的质量特征差异，分析认为由于不同会计信息质量特征下各方效用不同，会产生对不同质量特征的会计信息的差异性需求，因此，存在企业契约的背景下，可靠性和相关性是会计信息的首要质量特征，可靠性是相对性的前提。

概言之，在理论分析中，美国会计理论界更为强调相关性的首要地位；而中国会计学术界则基本上始终强调可靠性的基础性地位。

### 3.2.2 会计信息质量特征的实证研究

虽然 FASB 的财务会计概念框架提出了会计信息质量特征的两个主要层面，但是在实证研究领域中，由于衡量相关性与可靠性并非是容易之事，因此，探讨这些特性的文献并不多见。

信息经济学（IE）框架不支持在选择信息系统中的这种独立的维度（dimensionality）〔维克里（Vichrey，1985）〕。德姆斯基（Demski，1973）主张质量特征对会计选择方案排序是不能与偏好和信念相一致，而且一般情况下信息经济学框架中不存在信息系统选择中的那种质量标准。乔伊斯、利比和森德（Joyce，Libby and Sunder，1982）通过利用以 APB（Accounting Principles Board）和 FASB 前任成员为研究对象的一项实验研究，验证了在准则制定者的财务会计方法选择中 FASB 质量特征的有效性。研究结果表明，质量特征在促进会计政策制定方面显得并不乐观。

会计信息质量特征的实证研究主要围绕会计信息的价值相关性展开[①]。早在 SFAC No. 2 发布以前，鲍尔和布朗（Ball and Brown，1968）已就会计信息的价值相关性进行了开创性研究。他们以资本市场有效为假设前提，检验了会计盈余与股票价格的相关关系，以及会计盈余信息

① 一个会计项目的价值相关性，是指它与股票价格预测或股票收益的关联性。巴斯等（Barth et al.，2001）认为，价值相关性检验是相关性和可靠性的联合检验。

的潜在用途（会计盈余信息公布是否具有信息含量）。此后，关于会计信息价值相关性的研究成为实证会计研究的最重要的方向之一，其主要内容有两个（赵景文和杜兴强，2009）：一是检验特定计量基础下不同会计盈余项目与公司股票价格或股票收益的相关性大小，以及某个特定会计项目是否对公司股价或者股票收益具有额外的解释能力［比弗等（Beaver et al.，1979，1980，1986）；列弗（Lev，1989，1993）；伊斯顿和哈里斯（Easton and Harris，1991）；巴苏（Basu，1997）；阿布迪和列弗（Aboody and Lev，1998）；巴斯和克林奇（Barth and Clinch，1998）；乔和普雷斯科（Joe and Plesko，2002，2005）］。二是基于不同计量基础的会计信息价值相关性研究，包括历史成本会计信息、现行成本会计信息、重置成本会计信息和公允价值信息的相关性检验［比弗等（Beaver et al.，1983，1987）；巴斯（Barth，1994）；伯纳德等（Bernard et al.，1995）；纳尔逊（Nelson，1996）；埃克尔等（Eccher et al.，1996）；巴斯等（Barth et al.，1996）；巴斯和克林奇（Barth and Clinch，1998）；迪特里希等（Dietrich et al.，2000）］。在中国，也进行了大量的会计信息相关性的实证研究（赵宇龙，1998；陈晓，1999；孙铮和李增泉，2001；陈信元，2002；薛爽，2002；王化成等，2006），但是这些研究的研究思路大体上参考了上述国外的相关研究。

如前理论研究部分中所述，FASB（1980，第8页）指出，在考虑某一会计方法所产生的相关性是否优于可靠性时，也常常出现看法不一的现象。关于质量特征的相对重要性，政策决策者之间存在意见分歧。针对这些问题，以前的相关实证研究中并没有提供明确的指导。与以往研究不同，阿比吉特巴鲁阿（Abhijit Barua，2005）没有把会计方法选择中 FASB 质量特征的有效性作为焦点，而是探讨了根据利用质量特征来评价会计信息质量。提出了囊括 FASB 概念框架盈余质量特征的相关性和可靠性的盈余质量指标，并根据价值相关性来检验该指标的投资者决策有用性。研究结果表明，关于盈余质量特征的质量指标反映了投资者决策有用性，因而该指标得到了有效性验证。虽然该研究进行了盈余质量特征之间相对重要性的分析，但是在统计分析中没有得出一贯的显著性结论。

随着公允价值会计广泛受到大家的重视，进一步引发了如何在相关性与可靠性之间作取舍的讨论。例如，FASB 曾提到公允价值是可以提高相关性的，而有些学者则认为公允价值会降低可靠性［沃茨（Watts，2003）］。艾伦和拉曼纳（Allen and Ramanna，2013）探讨了 FASB 与 SEC 等准则制定者的委员背景对 SFAS 各项公告的相关性与可靠性的影响。文献中利用了 FASB 自 1993 年至 2007 年之间，具有金融业背景的委员的比重越来越高，因此这也是为何公允价值越来越受重视的原因之一。另外，当不考虑委员是否具有金融业背景时，如果委员具有民主党的政党身份时，比较重视可靠性而非相关性，这一结果符合民主党重视消费者而非公司利益的特点。在所有受检测的公告中，相关性较高的通常是与公允价值有关的公告，例如，SFAS 107（金融工具市价的披露）、SFAS 141R（企业合并）与 SFAS 123R（股份权益基础）等；而可靠性较低者通常也与采用公允价值有关，如 SFAS 157（公允价值计量）、SFAS 1410R 与 SFAS 142（企业合并）等。然而，目前相关研究主要仍限于公告层次的相关性与可靠性，尚未到达公司层级的相关性与可靠性。在韩国，洪顺福，沈虎锡（2004）通过问卷调查的方式，对盈余质量进行了验证，对盈余质量水平的变化趋势做了分析。

如前所述，反映会计信息质量特征的综合性指标的研究几乎是没有。相关研究中都是把会计方法选择中 FASB 质量特征的价值相关性作为研究焦点，基于质量特征的会计盈余质量验证的相关研究也是很难找到。更要注意的是，根据巴斯（Barth）的观点和会计信息价值相关性检验的具体内容来看，所谓的“价值相关性检验”并非概念框架中“相关性”的检验，而是会计信息“决策有用性”检验，即 SFAC No. 2 中会计信息总的质量特征的检验。按照概念框架中相关性的定义，这些“价值相关性检验”与概念框架中相关性的含义有着一定的距离。

另外，关于会计信息质量特征之间的相对重要性的研究更是难以找到。虽然，巴鲁阿（Barua，2005）是最早使用基于质量特征的盈余质量指标的研究，但是该研究是基于 FASB 的财务会计框架而提出盈余质量指标，而且对盈余质量特征的相对重要性没有得出一贯的结论。本研究中，把会计方法选择中质量特征的有效性作为研究焦点。具体地讲，首先构建了基于 IASB/FASB 联合概念框架信息质量特征的综合性盈余质量指标，并且利用是否反映决策有用性来验证该指标的有效性，并通过价值相关性方法进一步验证了质量特征之间相对重要性验证，并得出了结论。

# 第4章

# 综合性盈余质量指标的构建

## 4.1 现有文献中的盈余质量评价指标

目前会计实证研究中有关盈余质量的研究比较多，如关于盈余质量指标的研究，关于盈余质量指标和股票价格关系的研究，关于影响盈余质量的企业特点分析的研究等是比较有代表性的研究领域。但是这些研究中，针对盈余质量的概念使用不同的指标。普遍使用的盈余质量指标有盈余预测性［米哈伊尔等（Mikhail et al.，2003）；科恩等（Cohen，2004）］，盈余持续性［潘曼和张晓君（Penman and Zhang，2002）；斯金纳（Skinner，2004 等）］，应计利润与现金流量的关系［德肖和迪切夫（Dechow and Dichev，2002）；弗朗西斯等（Francis et al.，2005）］，非正常应计［阿布迪，休斯和刘劲等（Aboody，Hughes and Liu，2005；Lee and Yue，2004）］，总应计利润与营业应计利润的关系［理查森（Richardson，2003）］，及时性和稳健性（conservatism）［巴苏（Basu，1997）；鲍尔等（Ball et al.，2000）；（Bushman et al.，2004）］。Francis 等（2004）根据现金流量或盈余，利用应计利润，持续性，预测性，平滑性（smoothness），价值相关性，及时性和保守主义等 7 种属性作为评价盈余质量的标准，分析中个别地考虑了这 7 种属性。相关研究中使用的盈余质量指标种类较多，具有代表性且影响较大的指标及方法有以下几种。

### 4.1.1 预测价值（predictive value）

盈余的预测价值是指盈余本身的预测能力，是概念框架中提出的相关性基本质量特征的一个构成要素。通常盈余的预测价值以利用当期利润及其构成要素对未来利润或未来现金流量的回归模型中取得的预测误差（prediction error）的绝对值，即当期利润的预测能力来测定［利佩（Lipe，1990）；巴斯等（Barth et al.，2001）］。Mikhail 等（2003）利用以前年度利润和未来现金流量的相关性计量盈余质量，并以此来验证了股利变化与市场参与者之间的敏感反应关系。验证会计盈余是否正确反映企业的核心经济要素的 Cohen（2004）研究中，为了分析与企业的财务报告选择相关的决定要素及经济意义，把会计盈余质量定义为利润和未来营业现金流量的高度相关程度。并且把盈余指标分为营业现金流量和应计利润的构成要素计量会计盈余质量指标，分析选择和资本费用之间的关系。Fairfield 等（1996）为验证分解盈余的预测能力，利用样本外（out-of-sample）预测方法预测下一期净资产收益率（$ROE_{t+1}$）。

### 4.1.2 盈余持续性（persistency）

潘曼等（Penman et al.，2002），理查森（Richardson，S.，2003）认为由于可持续的盈余是反复的，所以盈余的持续性是可取的。通常情况下，盈余的持续性以利用当期利润及其构成要素对未来利润或未来现金流量的回归模型中取得的斜率系数（coefficients）来测定［列弗（Lev，1983；Sloan，1996）］。潘曼等（Penman et al.，2002）主张当前会计年度盈余（reported earnings）能够正确反映未来盈余时其质量是高的。并且利用盈余质量指标分析是否能观察出与稳健性会计相关盈余的暂时性变动（temporary change）。Skinner（2004）根据股利和当前会计年度盈余关系的依据，通过分析股利是否提供相关盈余质量的信息，再次验证股利假设的信息可靠性。

### 4.1.3 应计利润（accruals）

诸多研究中主张盈余的描述（mapping）接近现金流量则视为盈余是可取的［哈里斯等（Harris et al.，2000）；潘曼（Penman，S.，2001）］。应计利润是指营运资金应计与经营性应计的对应程度。德肖和迪切夫（Dechow and Dichev，2002）从应计利润和现金流量之间的概念关系出发建立了一个关于盈余质量的计量模型。德肖和迪切夫（Dechow and Dichev）模型提出现金流量和当期应计利润之间的对应关系，该模型捕获（grasp）盈余管理与经济环境变化对盈余质量的联合影响。McNichols（2002）指出德肖和迪切夫（Dechow and Dichev）模型存在的问题，提出了追加销售额变动额和有形资产为独立变量的回归模型。Francis 等（2005）根据德肖和迪切夫（Dechow and Dichev）模型，分析了现金流量和当期应计利润之间的对应关系的应计利润与资本成本之间的相关性。阿布迪，休斯和刘劲（Aboody，Hughes and Liu，2005）利用德肖和迪切夫（Dechow and Dichev）模型推测应计额指标，得出了盈余质量和资本成本是负相关关系的依据。

### 4.1.4 非正常应计额（abnormal accruals）

Johnes 模型最初由琼斯（Johnes，1991）提出，德肖，斯隆和斯威尼（Dechow，Sloan and Sweeney，1995）和德丰和詹巴尔沃（Defond and Jiambalvo，1994）在琼斯（Johnes）模型的基础上提出了修正的琼斯（Johnes）模型（即，Adjusted Johnes 模型），进一步完善了琼斯（Johnes）模型。修正琼斯（Adjusted Johnes）模型引用了销售收入的变动、应收账款的变动和有形资产等项目决定非正常应计额或正常应计额的假设，利用这些项目对总应计额的回归模型得到模型的残差反考察盈余管理的指标，把该指标作为盈余质量的逆指标（inverse measure）。一些研究中提出非正常应计与企业成果之间存在系统性的关系，并提出了控制企业成果后的非正常应计额。科塔里，利昂和瓦西利（Kothari，Leone and Wasely，2005）利用根据修正琼斯（Adjusted Johnes）模型得出的非正常应计额中减去同行业中资产收益率（*ROA*）类似企业的非正常应计的中位数得出的非正常应计额，即成果对应非正常应计额（performance matched abnormal accruals）。

### 4.1.5 总应计额（total accruals）和营业应计额（operating accruals）

理查森（Richardson，2005）将总应计额按照可靠性划分为流动应计额、非流动应计额和财务应计额，而且流动应计额和非流动应计额的测定与财务应计额相比具有较大的误差，即可靠性相对较低，从而提出了可靠性低的应计额构成项目其持久性也较低的结果。

### 4.1.6 多种盈余属性的结合

弗朗西斯等（Francis et al.，2004）利用应计利润，持续性，预测性，平滑性（smoothness），价值相关性，及时性和稳健性7个属性，验证了这些个别指标与投资者资源分配决策指标的代理变量，即资本成本之间的关系。利用个别指标与资本费用的代用变数（proxy varibles）验证的结果得出，7个属性中应计利润、持续性、平滑性和价值相关性4个属性与资本成本代理变量具有有效的相关关系，其中应计利润是最具有支配性的属性。巴罗内（Barone，2003）利用列弗和塔加拉贾斯（Lev and Thiagarajans，1993）中提出的基本属性（fundamentals）和财务报表各项之间的关系为依据，利用已被验证的2个盈余质量指标，揭示了盈余质量与隐含的资本成本之间呈负相关的结果。

以上研究中，尽管使用了多种盈余质量指标并得出了各种不同的研究结果，但是这些盈余指标只是局限于概念框架中提出的会计信息质量特征的某一方面或某一方面的具体构成要素，不能捕获盈余质量的完整内容。所以，这些指标并不能满足有用的会计信息的要求。因此，需要将联合概念体系中的会计信息质量特征与盈余质量相结合，通过实证研究提出并验证能够全面反映会计信息质量特征内容的盈余质量指标。此外，质量特征的构成要素在会计方法的评价和会计选择中使用，而且对于会计政策制定者和经营者有重要意义，所以针对质量特征的构成要素间的相对重要性的理论支持也是必要的。

## 4.2　基于因子分析法的综合性盈余质量评价指标

财务报告的目标是为了满足企业内外财务信息使用者的需要，提供对经营管理和经济决策有用的信息。财务报告的目标进而决定了会计信息质量特征，会计信息质量特征是明确和满足各类使用者所需要利用的是一种什么标准的信息，是较为具体的质量标准的规定。因此，有必要建立以会计信息质量特征作为盈余质量评价的理论基础的盈余质量评价标准体系。

本书中使用的盈余质量指标是根据相关研究中经常使用的比较有代表性的各种盈余质量指标。为了构建基于会计信息质量特征的盈余质量指标，参考了相关研究中普遍使用的模型，利用财务报表的数据推导并整理出 13 个相关盈余质量的变量。基于此，构成了以联合概念框架中提出的基本信息质量特征（相关性与充分反映）为核心内容的 4 个预测价值指标、2 个确证价值指标、5 个完整性和无差错指标和 2 个中立性指标。这 13 个指标分别是对相关性与充分反映构成要素的逆向指标。接下来，为了取得综合反映不同构成要素特征的基本指标，针对这 13 个指标实行主成分因子分析。通过这种方法得出的因子分数也就是全面地反映盈余质量的逆向指标。最后，需要进一步验证该指标是否充分体现了联合概念框架中基本质量特征的相关性和充分反映。表 4－1 中列出了计算上述 13 个指标时使用的模型，具体在 5.2.1 变量的定义中做了详细的说明。

表 4-1 13个盈余质量指标的相关模型

| | |
|---|---|
| (1)预测价值 | $ROA_{i,t+1} = \lambda_0 + \lambda_1 ROA_{i,t} + e_{i,t}$(1)<br>$E_{i,t+1} = \delta_0 + \delta_1 CFO_{i,t} + \delta_2 TA_{i,t} + e_{i,t}$(2)<br>$CFO_{i,t+1} = \alpha_0 + \alpha_1 E_{i,t} + e_{i,t}$(3)<br>$CFO_{i,t+1} = \pi_0 + \pi_1 CFO_{i,t} + \pi_2 TA_{i,t} + e_{i,t}$(4) |
| (2)确证价值 | $FV_{i,t} = \lvert \lvert PE_B \rvert - \lvert PE_A \rvert \rvert$(5) |
| (3)完整性和无差错 | $TA_{i,t} = \beta_1\left(\frac{1}{A_{i,t}}\right) + \beta_2(\Delta S_{i,t} - \Delta REC_{i,t}) + \beta_3(PPE_{i,t}) + e_{i,t}$(6)<br>$TA_{i,t} = \beta_1(1/A_{i,t-1}) + \beta_2(\Delta S_{i,t} - \Delta REC_{i,t})/A_{i,t-1} + \beta_3(PPE_{i,t})/A_{i,t-1}$ $+ \beta_4(CFO_{i,t})/A_{i,t-1} + \beta_5(BM_{i,t})/A_{i,t-1} + e_{i,t}$(7)<br>$WCA_{i,t} = \beta_1(1/A_{i,t-1}) + \beta_2(\Delta S_{i,t} - \Delta REC_{i,t})/A_{i,t-1} + e_{i,t}$(8) |
| (4)中立性 | *EPS* 和 Δ*EP* 分布的正(+)数值中0.5%范围内的企业-年的指标变量(indicator variable) |

注：*E* = 净利润；*ROA* = 净利润/平均资产；*CFO* = 营业现金流量；*TA* = 总应计额 = 营运资金应计 - 累计折旧；*WCA* = 营运资金应计 = Δ流动资产 - Δ流动负债；$PE_B$ = 不考虑当期利润的预测误差；$PE_A$ = 考虑当期利润的预测误差；*A* = 总资产；*S* = 销售收入；*REC* = 应收账款；*BM* = 账面价值/市场价值；*EPS* = 净利润/加权平均普通股股数，*i* = 具体个别企业，*t* = 会计期间。

### 4.2.1 因子分析法的应用

在学术论文研究中往往需要对反映事物的多个变量进行大量的观测，收集大量数据以便进行分析寻找规律。多变量大样本无疑会给科学研究提供丰富的信息，多变量数据处理及分析是相当重要的一个环节。但是在大多数的情况下，许多变量之间可能存在相关性而增加的分析问题的复杂性。如果变量之间是互相关联的，即没有哪一个（或者哪些个）变量是自变量，则各变量之间具有互依性。由于变量之间存在一定的互依性，因此有可能用比较少的综合指标分别综合存在于各个变量中的各类信息，而综合指标之间彼此不相关，即各指标代表的信息不重叠。这样就可以对综合指标根据专业知识和指标所反映独特含义给予命名，这种方法称为因子分析法（Factor Analysis）[①]。因子分析是多元统计分析技术的一个分支，其主要目的是浓缩数据。在社会科学领域中，应用最广的是通过研究众多变量之间的内部依赖关系，探求观测数据中的基本结构，把数个很难理解而彼此有关的变量，转化成少数概念化意义且彼此独立的因子，并用少数几个变量来表示基本的数据结构。这些变量能够反映原来众多的观测变量所代表的主要信息，并解释这些观测变量之间的相互依存关系，这些变量（基础变量）就称为因子（Factors）。因子分析的特点为：第一，因子变量的数量远少于原有的指标变量的数量，对因子变量的分析能够减少分析中的计算工作量；第二，因子变量不是对原有变量的取舍，而是根据原始变量的信息进行重新组构，它能够反映原有变量大部分的信息；第三，因子变量之间不存在线性相关关系，对变量的分析比较方便；第四，因子变量具有命名解释性，即该变量是对某些原始变量信息的综合和反映。要甄别不同公司的盈余质量，必须把评价指标结合起来[②]。

在社会科学研究领域中，应用最广的是把数个很难解释而彼此有关的变量，转化成少数有概念化意义且彼此独立的因子。在进行因子分析时，如用主成分分析法提取因子，则称其为“主成分因子分析”（Principal Factor Analysis，PFA）。事实上，在因子分析中提取因子分析的共同因子时，最常使用的方法即为主成分分析法。共同因子分析是斯皮尔曼（Spearman）所创，霍特林（Hotelling）等加以发扬的一种多变量统

---

① 行为及社会科学研究领域中，在建构效度（Validity）的检验上，研究者及学者最常使用的方法为“因子分析”，因为因子分析主要的目的是以认定信息学上的特征，接着公共因子的发现而确定观念的结构成分，根据量表或测验所提取的公共因子，可以获悉测验或量表有效测量的特征或态度（郭生玉，1988）。

② 郭志刚. 社会统计分析方法——SPSS 软件应用［M］，中国人民大学出版社，1999；余建英. 数据统计分析与 SPSS 应用［M］，人民邮电出版社，2003；吴明隆，涂金堂. SPSS 与统计应用分析［M］，东北财经大学出版社，2012。

计方法（林清山，2003）。主成分分析中，用较少成分解释原始变量变异量较大的部分。提取因子分析的共同因子时，可将 $p$ 个变量加以转换，使得线性组合而得的 $q$ 个（$q<p$）成分的方差最大化，且使成分间的相关系数很小或彼此无关（傅粹馨，2002a）。$p$ 个变量经主成分分析会产生 $p$ 个成分，一般而言，研究者会从 $p$ 个成分中选取前面数个变异量较大的重要成分，而忽略变异量小且不重要的成分［戈萨奇（Gorsuch，1988）］。戈萨奇（Gorsuch，1988）中指出：主成分分析模型属于“数学范式”（Mathematical Paradigm），假定总变异量完全是由各成分造成的，不含误差（误差项等于0）；而共同因子分析模型属于“科学或统计范式”（Scientific or Statistical Paradigm），主对角线的数值小于1，总方差中含有误差。主成分分析模型是共同因子分析模型的一个特例，主成分分析将唯一性（uniqueness）设定为零［（Widaman（威达曼），1990）］。

（1）因子分析的数学模型。

因子分析的出发点是用较少的相互独立的因子变量来代替原来变量的大部分信息，可以通过下面的数学模型来表示：

$$\begin{cases} x_1 = a_{11}F_1 + a_{12}F_2 + \cdots + a_{1m}F_m + a_1\varepsilon_1 \\ x_2 = a_{21}F_1 + a_{22}F_2 + \cdots + a_{2m}F_m + a_2\varepsilon_2 \\ \cdots \\ x_p = a_{p1}F_1 + a_{p2}F_2 + \cdots + a_{pm}F_m + a_p\varepsilon_p \end{cases}$$

其中 $x_1$、$x_2$、$x_3$、…、$x_p$ 为 $p$ 个原有变量，是均值为零、标准差为1的标准化变量，$F_1$、$F_2$、$F_3$、…、$F_1$ 为 $m$ 个因子变量，$m$ 小于 $p$，表示成矩阵形式为：$X=AF+a\varepsilon$　其中 $F$ 为因子变量或公共因子，可以将它们理解为在高维空间中互相垂直的 $m$ 个坐标轴。$A$ 为因子载荷矩阵，$a_{ij}$为因子载荷，是第 $i$ 个原有变量在第 $j$ 个因子变量上的负荷。如果把变量 $x_i$ 看成 $m$ 维因子空间中的一个向量，则 $a_{ij}$为 $x_i$ 在坐标轴 $F_j$ 上的投影，相当于多元回归中的标准回归系数。$\varepsilon$ 为特殊因子，表示了原有变量不能被因子变量所解释的部分，相当于多元回归分析中的残差部分。

（2）因子分析的核心问题。

因子分析有两个核心问题：一是如何构造因子变量；二是如何对因子变量进行命名解释。

①确定待分析的原有若干变量是否适合于因子分析。因子分析是从众多的原始变量中构造出少数几个具有代表意义的因子变量，这里面有一个潜在的要求，即原有变量之间要具有比较强的相关性。如果原有变量之间不存在较强的相关关系，那么就无法从中综合出能反映某些变量共同特性的少数公共因子变量来。因此，在因子分析时，需要对原有变量作相关分析。最简单的方法就是计算变量之间的相关系数矩阵。如果相关系数矩阵在进行统计检验中，大部分相关系数都小于0.3并且未通过统计检验，那么这些变量就不适合于进行因子分析。另外还可以通过巴特利特球形检验（Bartlett Test of Sphericity）、反映像相关矩阵检验（Anti-image correlation matrix）和KMO（Kaiser-Meyer-Olkin）检验等方法来确定该分析变量是否适合做因子分析。

②构造因子变量。因子分析中有多种确定因子变量的方法，如基于主成分模型的主成分分析法和基于因子分析模型的主轴因子法、极大似然法、最小二乘法等。其中基于主成分模型的主成分分析法是使用最多的因子分析方法之一。

$y_i$ 主成分分析通过坐标变换手段，将原有的 $p$ 个相关变量 $x_i$，作线性变化，转换为另外一组不相关的变量 $y_i$，可以表示为：

$$\begin{cases} y_1 = u_{11}x_1 + u_{21}x_2 + \cdots + u_{p1}x_p \\ y_2 = u_{12}x_1 + u_{22}x_2 + \cdots + u_{p2}x_p \\ \qquad\cdots \\ y_p = u_{1p}x_1 + u_{2p}x_2 + \cdots + u_{pp}x_p \end{cases}$$

其中 $u_{1k}^2 + u_{2k}^2 + \cdots + u_{pk}^2 = 1, (k = 1,2,3,\cdots,p)$

$y_1$、$y_2$、$y_3$ + ⋯、$y_p$ 为原有变量的第一、第二、第三……第 $p$ 个主

成分。其中，$y_1$ 在总方差中占的比例最大，综合原有变量的能力也最强，其余主成分在总方差中占的比例逐渐减少，也就是综合原变量的能力依次减弱。主成分分析就是选取前面几个方差最大的主成分，这样达到了因子分析较少变量个数的目的，同时又能以较少的变量反映原有变量的绝大部分信息。

（3）因子分析的步骤。

①数据的标准化处理。

$$x_y^* = \frac{x_y - x_j}{s_j}$$

其中，$i=1, 2, \cdots, n$，$n$ 为样本点数。$j=1, 2, \cdots, p$，$p$ 为样本原变量数目。为了方便，仍然记为：$[x_y^*]_{R\times D} = [x_y]_{R\times D}$

②计算数据 $[x_{ij}]_{R\times p}$ 的协方差矩阵 R。

③求 $R$ 的前 $m$ 个特征值 $\lambda_1 \geqslant \lambda_2 \geqslant \lambda_3 \geqslant \cdots \geqslant \lambda_m$，以及对应的特征向量 $j=1, 2, \cdots m$ $u_1$，$u_2$，$\cdots$，$u_m$，它们标准正交。

④求 m 个变量的因子载荷矩阵。

$$A = \begin{bmatrix} a_{11}, a_{12}, \cdots, a_{1m} \\ a_{21}, a_{22}, \cdots, a_{2m} \\ \cdots \\ a_{p1}, a_{p2}, \cdots, a_{pm} \end{bmatrix} = \begin{bmatrix} u_{11}\sqrt{\lambda_1}, u_{12}\sqrt{\lambda_2}, \cdots, u_{1m}\sqrt{\lambda_m} \\ u_{21}\sqrt{\lambda_1}, u_{21}\sqrt{\lambda_2}, \cdots, u_{2m}\sqrt{\lambda_m} \\ \cdots \\ u_{p1}\sqrt{\lambda_1}, u_{p2}\sqrt{\lambda_2}, \cdots, u_{pm}\sqrt{\lambda_m} \end{bmatrix}$$

确定 $m$ 有两种方法：一是根据特征值的大小确定，一般取大于 1 的特征值；二是根据因子的累计方差贡献率来确定。前 $m$ 个因子的累计方差贡献率计算方法为：

$$Q = \sum_{i=1}^{m} \lambda_i / \sum_{i=1}^{p} \lambda_i$$

如果数据已经标准化，则：

$$Q = \sum_{i=1}^{m} \lambda_i / p$$

一般方差的累计贡献率应在 80% 以上。

（4）使用旋转法（rotation）。

旋转法使得因子负荷量易于解释。旋转以后，变量在每个因子的负荷量不是变大就是变得更小，而不像旋转前在每个因子的负荷量大小都差不多。在因子提取上，通常最初因子提取后无法对因子做出有效的解释，旋转的目的在于改变题目在各因子的负荷量的大小。旋转时，根据题目与因子结构关系的密切程度，调整各因子负荷量的大小。旋转后，大部分题目在每个公共因子中有一个差异较大的因子负荷量。每个公共因子的特征值会改变，与旋转前不一样，但每个变量的共同度不会改变。常用的方法有正交旋转法（orthogonal rotations）和斜交旋转法（oblique rotations）[①]。在正交旋转法中，因子与因子间没有相关性，及其相关系数为0，因子轴间的夹角等于90°。另外，还因为正交旋转的结果简单易于解释，最常用的方法是正交旋转法。采用斜交旋转法表示因子间有某种程度的相关性，即因子轴间的夹角不是90°。斜交旋转会产生三种矩阵：因子结构矩阵（factor structure matrix）、因子组型矩阵（factor pattern matrix）和因子相关矩阵（factor correlation matrix），在结果解释上不如正交旋转简易（傅粹馨，2002a）。

正交旋转法的优点是因子间提供的信息不会重叠，观察体在某一个因子上的分数与在其他因子上的分数彼此独立不相关；而缺点是研究者迫使因子间不相关，但是在实际生活中，它们彼此间有相关性的可能性很高。因而，正交旋转方法偏向较多人为操控的方式，不需要正确回应显示生活中自然发生的事件（Bryman and Cramer，1997）。然而，有些研究中主张选取因子分析旋转时，应多使用斜交旋转法。Reise，Waller和Comrey（2000）中提到了考虑使用斜交旋转法的5种原因：①若执行斜交旋转，则可在进行较高阶（higer-order）的分析。②斜交旋转比

① 在因子分析中要使因子变量的含义比较清晰以便于提取因子，可以通过因子矩阵的旋转来进行。常用的旋转方法，有方差最大旋转法（varimax）、四次方最大正交旋转法（quartimax）、平均正交旋转法、直接斜角旋转法（direct oblimin）、promax旋转法，其中前三者属“正交旋转法”，而后两者则属“斜交旋转法”。

正交旋转更符合简单结果的准则。③某些研究指出斜交旋转产生的因子，其复制性较好，及用另一个类似的样本进行分析，易于得到相同的因子结构。④斜交旋转法的原理为因子层面的夹角不是90°，公共因子间应有某种程度的相关性。研究者认定任何心理变量间均不相关是不合理的，因斜角旋转似乎较能反映真实的心理现象。⑤斜交旋转时，可以估计因子间的相关系数，而不像正交旋转时将相关系数设为零，因子间的相关系数可以提供有价值的数据（傅粹馨，2002a）。

（5）因子变量的命名解释。

因子的抽取是考虑旋转后因子载荷量数值较大的那些变量。以因子分析获得因子矩阵及其他相关数据后，还必须对各因子所代表的意义加以解释（命名），以显示变量与因子间的关系。因子变量的命名解释是因子分析的另外一个核心问题。在实际分析工作中，通常以因子结构为主，通过对载荷矩阵 $A$ 的值进行分析，由因子和变量间相关系数（因子载荷量）的大小，可以知道某个因子与哪些变量具有较高的关联，与哪些变量的关联较小或没有关联，从而可以了解该因子的意义，并给予适当的名称。

载荷矩阵 $A$ 中某一行中可能有多个 $a_{ij}$ 比较大，说明某个原有变量 $x_i$ 可能同时与几个因子有比较大的相关关系。载荷矩阵 $A$ 中某一列中也可能有多个 $a_{ij}$ 比较大，说明某个因子变量可能解释多个原变量的信息。但它只能解释某个变量一小部分信息，不是任何一个变量的典型代表，会导致某些因子变量的含义模糊不清。

（6）计算因子得分。

计算因子得分是因子分析的最后一步。因子变量确定以后，对每一样本数据，我们希望得到它们在不同因子上的具体数据值，这些数值就是因子得分，它和原变量的得分相对应。有了因子得分，我们在以后的研究中，就可以针对维数少的因子得分来进行。计算因子得分首先将因子变量表示为原有变量的线性组合，即：$F_j = \beta_{j1} x_1 + \beta_{j2} x_2 + \cdots + \beta_{jp} x_p$ $(j = 1, 2, \cdots, m)$。

估计因子得分的方法有回归法、Bartlette 法、Anderson-Rubin 法等，考虑到计算的效率，本文采用回归法。

### 4.2.2 会计信息质量特征的因子分析

为了从相关研究中普遍使用的比较有代表性的各种盈余质量指标中概括基本概念，进行了因子分析。这些指标均是反映会计信息质量特征构成要素的不同特征的基本概念。为了构建基于会计信息质量特征的盈余质量指标，参考了相关研究中普遍使用的模型，利用财务报表的数据推导并整理出 13 个相关盈余质量的变量。基于此，构成了以联合概念框架中提出的基本信息质量特征（相关性与如实反映）为核心内容的 4 个预测价值指标、2 个确证价值指标、5 个完整性和无差错指标和 2 个中立性指标。这 13 个指标分别是对相关性与充分反映构成要素的逆向指标。由于各个要素之间可能存在相关关系，针对会计信息质量特征的基本质量特征构成要素的 13 个指标进行因子分析，利用斜旋转方法进行主成分分析①。

接下来，为了取得综合反映不同构成要素特征的基本指标，针对这 13 个指标实行主成分因子分析。通过这种方法得出的因子分数也就是全面地反映盈余质量的逆向指标。分析结果得出了特征根（eigen value）大于 1 的 4 个因子并且这 4 个因子分别与联合概念框架中的基本质量特征（相关性和如实反映）的个别构成要素，即预测价值、确证价值、完整性和无差错及中立性相符。最后，需要进一步验证该指标是否充分体现了联合概念框架中基本质量特征的相关性和充分反映。

根据因子分析中取得的 4 个因子分别按照因子分数的大小以中位数为标准划分高分数（H）和低分数（L）的 2 个组，并且利用 2 种方法

① 考虑到会计信息质量特征的构成要素之间存在一定程度的相关关系的可能性，本书中使用了斜旋转方法进行了分析。另外，同样也利用正交旋转法进行了因子分析，但其结果与利用斜旋转方法时的结果大同小异。

构成投资组合（portfolio）。第一种方法是由4个因子中至少3个为H的企业构成HHH portfolio，至少3个为L的企业构成LLL portfolio[①]。第二种方法是由4个因子中至少2个为H的企业构成HH portfolio，至少2个为L的企业构成LL portfolio。另外，剩余企业分别构成HL，LH portfolio。通过以上两种构成可以比较质量特征高的portfolio和质量低的portfolio以及各个构成要素之间的相对重要性。

① 本书也分析了4个因子均为H的企业构成HHHH portfolio和4个因子均为L的企业构成LLLL portfolio。但是两个投资组合的样本数分别为120个和60个，因此，只能进行总体回归分析。

# 第5章

# 综合性盈余质量指标及其价值相关性分析

## 5.1 研究假设及研究模型

### 5.1.1 研究假设

#### 5.1.1.1 会计信息基本质量特征盈余质量指标假设

根据概念框架，财务报告目标是为了满足企业财务信息使用者的需要，提供对经济管理和经济决策有用的信息。财务报告的目标决定了会计信息的质量特征，所谓会计信息质量特征就是信息使用者决策有用的会计信息所应具备的属性。本书从投资者的角度将决策有用作为焦点。决策有用性是会计盈余对投资者评价企业价值时使用的会计信息的反映程度。价值相关性可验证会计盈余与企业价值之间的关系，即，验证会计盈余是否说明股票价格的截面（cross sectional）变化〔巴斯等（Barth et al.，2001）〕。为了评价股票价格反映会计盈余信息的程度，通常利用股价—盈余模型和盈余反应系数（ERC）的价值相关性方法。根据巴斯等（Barth et al.，2001），股价—盈余模型验证企业价值所反映的内容，而ERC验证一定时期企业价值波动所反映的内容。考虑到会计盈余的及时性，本书选择股价—盈余模型。

巴斯（Barth，1991，1994）利用一些会计指标与市场价值之间的关系，验证比较了这些指标的相关性和可靠性。巴斯等（Barth et al.，2001）提出了兼有相关性和可靠性的会计信息才能反映到股票价格中，所以利用价值相关性可以同时验证两种属性。高希和穆恩（Ghosh and Moon，2005）把股价—盈余倍数用作投资者掌握（perception）盈余质量的指标使用。

本书根据股价—盈余模型验证相关会计信息质量特征的盈余质量指标，根据会计信息基本质量特征验证的盈余质量越高，股价—盈余倍数和模型解释力（$R^2$）就越高。因此，设定以下零假设。

假设1：会计信息基本质量特征不影响会计信息有用性。

假设1-1：会计信息基本质量特征不影响股价—盈余倍数。

假设1-2：会计信息基本质量特征不影响盈余的股价解释力（$R^2$）。

#### 5.1.1.2　会计信息基本质量特征间相对重要性假设

联合概念框架中提到会计信息基本质量特征之间的相互抵触关系，并借助相关性和如实反映与经济现象之间的关系，提出了相关性优先于如实反映，如实反映排在相关性之后予以考虑。乔伊斯（Joyce et al.，1982）在对APB（Accounting Principal Board）和FASB前任委员的调查中发现，就会计信息质量特征间的相对重要性，政策决定者之间存在着大量意见分歧。本书从会计盈余的决策有用性出发，分析会计信息基本质量特征的相对重要性，并设定以下零假设。

假设2：会计信息基本质量特征的构成要素对会计信息有用性的影响不存在差异。

假设2-1：会计信息基本质量特征的构成要素对股价—盈余倍数的影响不存在差异。

假设2-2：会计信息基本质量特征的构成要素对盈余的股价解释力（$R^2$）不存在差异。

### 5.1.2 研究模型

价值相关性研究与会计准则制定相关，在政策的实施上具有一定的意义。会计信息的相关性可以说是会计准则上的相关性和可靠性。相关性在投资者决策的角度上来说，是会计信息反映企业价值的属性。会计信息在有可靠的计量汇总指标来反映企业价值的信息时，可以说具有价值相关性。市场参与者直接观察企业的经济成果，使用并评价企业价值不是一件容易的事迪米特罗夫和吉安娜（Dimitrov and Jain，2006）。因此，在诸多研究中，有以包含会计利润的会计数值作为替换值来评价企业的经济成果，鲍尔和布朗（Ball and Brown，1968）最先做出此研究。以鲍尔和布朗（Ball and Brown，1968）的研究为起点，许多先行研究都利用会计信息重点调查企业价值（股票价格）具有的相关性巴斯等（Barth et al.，1998）；布格斯塔勒和迪切夫（Burgstahler and Dichev，1997）；科林塞尔（Collins et al.，1997）；维索茨基（Wysocki，1997）。再者，奥尔森（Ohlson，1995），费尔瑟姆和奥尔森（Feltham and Ohlson，1995）等提出政府价值和净利润与企业价值（股票价格）相关的理论模型，从此关于价值相关性的研究开始层出不穷。

在企业价值评价方面，推究会计信息的作用的研究是会计领域的重要组成部分。特别是关于会计利润构成要素的发生额和现金流量的相关性的研究有着悠久的历史雷伯恩（Rayburn，1986）；德肖（Dechow，1994）；斯隆（Sloan，1996）；巴斯等（Barth et al.，1999）。以往的研究注重应计质量，盈余持续性，盈余灵活性等质量特征，验证会计利润和构成要素的有用性弗里曼和塞（Freeman and Tse，1992）；阿里（Ali，1994；Cheng et al.，1996）。

为了验证基于会计信息基本质量特征的盈余质量指标的决策有用性，即验证假设 1 和假设 2，本书采用了利用奥尔森（Ohlson）股价估值模型的巴斯等（Barth et al.，1999）的研究模型。奥尔森（Ohlson）模型是在资本市场会计中广泛使用的模型之一，他将股票价格和会计数字直接联系在一起很好地揭示了超额收益的来源，是目前应用最广泛的模型之一。将企业的市场价值与会计信息直接联系起来，确立了会计信息在证券市场中的重要作用。基于直接的会计数据：会计盈余与净资产来估计股票价值，方程的拟合优度越高，盈余信息的价值相关性就越大。采用此模型可得到会计盈余与净资产对企业市场价值的解释能力，可以采用这个模型考察资产负债表项目和收益表项目的联合有用性。

股价—盈余倍数与企业成长要素有正相关关系，与企业风险要素有负相关关系〔米勒和莫迪格利安尼（Miller and Modigliani，1966）；柯林斯和科塔里（Collins and Kothari，1989）；伊斯顿和齐米耶夫斯基（Easton and Zmijewski，1989）〕。因此，将企业过去 6 年的账面价值（*BE*）增长率作为成长要素指标，负债比率（*DE*）作为财务风险指标，过去 5 年的盈余（*EPS*）变动作为营业风险指标〔列弗和昆尼茨基（Lev and Kunitzky，1974）；吉弗里和兰考尼肖科（Givoly and Lakonishok，1983）〕，并在模型中控制（control）了这些因素。

$$Price_{i,t} = \delta_0 + \delta_1 BVE_{i,t} + \delta_2 EPS_{i,t} + \delta_3(EPS_{i,t} * Growth_{i,t}) + \delta_4(EPS_{i,t} * DE_{i,t}) + \delta_5(EPS_{i,t} * EVAR_{i,t}) + \psi_{i,t} \quad (A)$$

其中，$Price_{i,t}$ = $i$ 公司在第 $t$ 年的 3 月末股票价格

$BVE_{i,t}$ =账面价值/加权平均普通股股数

$EPS_{i,t}$ =每股收益

$Growth_{i,t}$ =过去 6 年账面价值增长率 $(BVE_t / BVE_{t-6})^{1/6} - 1$

$DE_{i,t}$ =负债率

$EVAR_{i,t}$ =过去 5 年 $EPS$ 变动 $(EPS_t - EPS_{t-1})/abs(EPS_{t-1})$ 的分散

$\psi_{i,t}$ =残差

为了验证会计信息基本质量特征的盈余质量的决策有用性，根据盈余质量的大小划分投资组合（portfolio），即划分为质量高的投资组合和质量低的投资组合。之后，针对划分的投资组合分别验证上述方程（A），比较股价—盈余倍数和回归方程的说服力（$R^2$）。盈余质量越高

股价—盈余倍数和回归方程的解释力（$R^2$）就越大。模型中 $EPS_{i,t}$ 和 2 个风险因素 $DE_{i,t}$ 和 $EVAR_{i,t}$ 应是负相关关系，$EPS_{i,t}$ 和成长要因 $Growth_{i,t}$ 应是正相关关系。

## 5.2 研究设计

### 5.2.1 变量的定义

为了构建基于联合概念框架基本质量特征的综合性盈余质量指标，并通过投资者决策有用性的评价明确该指标的有效性，针对综合性盈余质量指标的变量和价值相关性的变量的定义作如下说明。

#### 5.2.1.1 关于盈余质量指标的变量

如前所述，相关研究中使用的盈余质量替代指标种类较多。本书为了建立会计信息基本质量特征的盈余质量指标，利用表 5－1 中列出的相关基本质量特征构成要素的 8 个模型推导出 4 个预测价值指标、2 个确证价值指标、5 个如实反应指标，并定义了 2 个中立性指标。

（1）预测价值。预测价值定义为可预测未来盈余和未来现金流量的当期盈余的预测能力。为了验证盈余的预测能力，本书中利用当期的盈余及其构成预测未来盈余和未来现金流量的公式（1）～公式（4）进行了回归分析。

首先，根据弗朗西斯等（Francis et al.，2004），阿比吉特巴鲁阿（Abhijit Barua，2005）的方法，使用盈余的自我回归模型（1）（Autoregression）得出当期盈余的预测能力。

$$ROA_{i,t+1} = \lambda_0 + \lambda_1 ROA_{i,t} + e_{i,t} \tag{1}$$

其中，$ROA_{i,t}$ = $i$ 公司在第 $t$ 年的净利润/平均资产

$e_{i,t}$ = $i$ 公司在第 $t$ 年的误差项

$i$ = 1，2，…，$N$，为公司编号

Fairfield，Sweeney and Yohn（1996）发现盈余拆分为营业利润、非

营业利润、税金及其他项目，有助于提高盈余的预测能力。基于此，本书中把盈余拆分为现金流量和应计利润来验证模型（2），并取得了预测价值的第二个指标。

$$E_{i,t+1} = \delta_0 + \delta_1 CFO_{i,t} + \delta_2 TA_{i,t} + e_{i,t} \quad (2)$$

其中，$E_{i,t}=i$ 公司在第 $t$ 年的净利润/平均资产

$CFO_{i,t}=i$ 公司在第 $t$ 年的营业现金净流量①

$TA_{i,t}=i$ 公司在第 $t$ 年的总应计利润

$e_{i,t}=i$ 公司在第 $t$ 年的误差项

$i=1$，2，…，$N$，为公司编号

另外两个预测价值指标是根据当期的盈余及其构成预测未来现金流量的公式（3）和公式（4）取得。

$$CFO_{i,t+1} = \alpha_0 + \alpha_1 E_{i,t} + e_{i,t} \quad (3)$$

其中，变量的定义如同公式（2）。

巴斯，克拉姆和纳尔逊（Barth，Cram and Nelson，2001）提出盈余的拆分成盈余的具体构成是能提高现金流量的预测能力。因此，与公式（2）相同，利用了把盈余拆分为应计利润和现金流量的现金流量预测模型（4）。

$$CFO_{i,t+1} = \pi_0 + \pi_1 CFO_{i,t} + \pi_2 TA_{i,t} + e_{i,t} \quad (4)$$

其中，变量的定义如同公式（2）

本书中每个企业以 10 年为一个单位（rolling 10-year window）利用当前年度的盈余及其构成要素预测未来盈余和未来现金流量的公式（1）~公式（4）进行回归分析得出预测误差 $e_{i,t}$ 的绝对值作为预测价值的逆向指标。即，预测误差越大（小）预测价值越低（高）。

（2）确证价值。确证价值是指确认或修改预测的盈余信息的预测能力。根据联合概念框架，财务信息能够反馈过去的决策所产生的结果判断是否有误以便做出正确的决策，也就是确认或变更过去评价。财务

① $CFO$ 是根据间接法计算得出的，即 $CFO=E-TA$。

信息的预测价值和确证价值是相互联系的。

可作为未来盈余预测依据的当期盈余信息与过去的盈余预期相比较，有助于确认或修正信息使用者先前的预测。因此，利用阿比吉特巴鲁阿（Abhijit Barua，2005）的方法，确证价值定义为考虑当期盈余时的预测价值和不考虑当期盈余时的预测价值之差。

$$FV_{i,t} = ||PE_B| - |PE_A|| \tag{5}$$

其中，$FV_{i,t}$ = $i$ 公司在第 $t$ 年的确证价值

$PE_B$ = 不考虑当期盈余时的预测误差项

$PE_A$ = 考虑当期盈余似的预测误差项

$i$ = 1，2，…，$N$，为公司编号

公式（5）中 $FV$ 是确证价值的逆向指标，即 $FV$ 越大（小）意味着确证价值越小（大）。本书利用公式（1）和公式（3）取得 2 个预测价值，随之也取得 2 个确证价值（具体方法参考附录）。

（3）完整性和无差错。尽管完整性和无差错并没有单独的指标使用，但是通常在实证研究中把非正常应计利润（操控性应计利润）和应计质量作为对盈余质量的逆向指标使用。本书中，对完整性和无差错误的指标使用 3 个非正常应计利润（操控性应计利润）指标，2 个非正常营运资本应计利润（操控性营运资本应计利润）指标。

a. 非正常应计利润（Abnormal Accruals，*AACR*）指标

应计利润总额中非正常应计利润（操控性应计利润）的比重越大，意味着盈余质量越低。因此，根据每个模型计算的非正常应计利润（操控性应计利润）是盈余质量的逆向指标。

第一个非正常应计利润（操控性应计利润）指标是常用来计算非正常应计利润的德肖等（Dechow et al.，1995）的修正 Jones 模型。本书使用模型（6）按产业、按年度进行回归分析并计算正常应计利润。

$$TA_{i,t} = \beta_1(1/A_{i,t-1}) + \beta_2[(\Delta S_{i,t} - \Delta REC_{i,t})/A_{i,t-1}] + \beta_3(PPE_{i,t}/A_{i,t-1}) + e_{i,t} \tag{6}$$

其中，$TA_{i,t}$ = $i$ 公司在第 $t$ 年的总应计利润

$\Delta S_{i,t}$ = $i$ 公司在第 $t$ 年的收入增加额

$\Delta REC_{i,t}$ = $i$ 公司在第 $t$ 年的应收账款增加额

$PPE_{i,t}$ = $i$ 公司在第 $t$ 年的不动产、厂房与设备

$A_{i,t-1}$ = $i$ 公司在第 $t-1$ 年的总资产

$e_{i,t}$ = $i$ 公司在第 $t$ 年的误差项

$i=1$，2，…，$N$，为公司编号

由模型（6）取得$\beta_1$，$\beta_2$，$\beta_3$的估计数，分别以 $b_1$，$b_2$和 $b_3$来代表，然后将实际的 $\Delta S_{i,t}$，$\Delta REC_{i,t}$和 $PPE_{i,t}$等自变量代入，则可以计算出残差，也就是所谓的非正常应计利润 $AACR$。非正常应计额是盈余质量的逆指标。

$$AACR_{i,t} = TA_{i,t}/A_{i,t-1} - [b_1(1/A_{i,t-1}) + b_2(\Delta S_{i,t} - \Delta REC_{i,t})/A_{i,t-1} + b_3(PPE_{i,t})/A_{i,t-1}]$$

第二个非正常应计额的指标使用的是科塔里等（Kothari et al.，2005）中使用的绩效配对非正常应计利润（Performance Matched Abnormal Accruals，PMAA）。通过验证修正 Jones 模型的方程（6）得出非正常应计利润后，再将非正常应计额按年度总资产收益率（$ROA$）的大小分成 10 个组并计算每个组的非正常应计额的中位数，再从个别企业的非正常应计额中减去该中位数后取绝对值就是 PMAA。

德肖等（Dechow et al.，1995）和麦尼克（McNichols，2000）提出应计额与现金流量呈负相关。卡辛克（Kaszink，1999）在修正琼斯（Jones）模型中追加了独立变量营业现金流量（$CFO$）。麦尼克（McNichols，2000）提出企业成长与应计额呈正相关，并追加了账面价值与市场价值比率（$BM$），使应计额模型更具体化。本书基于应计利润与现金流量及企业成长之间的关系研究，根据阿比吉特巴鲁阿（Abhijit Barua，2005）中使用的方法，按产业和年度分析得出非正常应计额的第三个指标（$FLM$）。

$$TA_{i,t} = \beta_1(1/A_{i,t-1}) + \beta_2(\Delta S_{i,t} - \Delta REC_{i,t})/A_{i,t-1} + \beta_3(PPE_{i,t})/A_{i,t-1} + \beta_4(CFO_{i,t})/A_{i,t-1} + \beta_5(BM_{i,t})/A_{i,t-1} + e_{i,t} \quad (7)$$

其中，$CFO_{i,t}$ = $i$ 公司在第 $t$ 年的营业现金流量

$BM_{i,t}$ = $i$ 公司在第 $t$ 年的账面价值与市场价值比率，其他变量定义如同公式（6）。

b. 非正常营运资本应计额

根据维索茨基和华莱士（Kreutzfeldt and Wallace，1986），冈瑟（Guenther，1994）等研究，在应计利润中流动性应计利润更容易作为调整盈余的对象所使用。在营运资本应计额中，非正常营运资本应计利润被用于考察盈余管理行为或被用于补充〔兰根（Rangan，1998）〕。池炫美等（Hyun mee-Gee et al.，2007）中根据修正琼斯（Jones）模型得出的非正常营运资本应计额作为盈余质量的指标使用。本书为了反映企业营业活动和经济性条件的变化，在修正琼斯（Jones）模型中追加了销售额和应收账款变动额等控制变量。

第一个非正常营运资本应计额（*WCDAC*）指标是通过验证模型（8）取得。首先，按产业、按年度验证了方程（8）得出系数，并将其代入方程（8）计算得出正常营运资本应计额，然后从营运资本应计利润总额中减去正常营运资本应计额计算得出 *WCDAC*。

$$WCA_{i,t} = \beta_1(1/A_{i,t-1}) + \beta_2(\Delta S_{i,t} - \Delta REC_{i,t})/A_{i,t-1} + e_{i,t} \quad (8)$$

其中，$WCA_{i,t}$ = 营运资本应计利润总额，其余变量定义如同公式（6）。

第二个非正常营运资本应计利润指标是绩效配对非正常营运资本应计额（*PMWCDAC*）。通过验证方程（8）取得非正常营运资本应计额，再将非正常营运资本应计额按年度总资产收益率（*ROA*）的大小分成10个组并计算每个组的非正常营运资本应计额的中位数，再从个别企业的非正常营运资本应计额中减去该中位数后取绝对值就是 *PMWCDAC*。

（4）中立性

中立性是指在实施各种会计准则时，应当关心所得到的盈余信息是否具有相关性和可靠性，而不是偏重满足特定的利益相关者的要求。即不能有意识地去影响投资者的意见或行为。盈余的中立性主要取决于管理层对盈余报告的态度是否公允。

本书涉及的焦点是财务报告编报中的中立性。企业为了满足或超过事前约定的盈余标准（benchmark），如：正（+）盈余、前期的盈余或分析师预测的盈余数值等，有目的性地操纵盈余指标〔布格斯塔勒和迪切夫（Burgstahler and Dichev，1997）；德乔治（Degeorge et al.，1999）和巴鲁阿等（Barua et al.，2006）〕。利用满足或略微超过这些盈余指标的方法避免盈余减少的企业的指标变量（indicator variable），以每股盈余（*EPS*）及其变动（$\Delta EPS$）作为中立性的逆指标。这 2 个指标（*Nev_*，*Nev_2*）是以每个会计期末股价 *EPS* 和 $\Delta EPS$ 的正（+）数值中 0.5% 范围内的企业—年（firm-year）的指标变量。

#### 5.2.1.2 关于价值相关性的变量

本书为了检验基于会计信息质量特征的综合性盈余质量指标的有效性，对模型（1）中主要变量的定义如下所示。股价（*Price*），每股盈余（*EPS*），每股账面价值（*BVE*），账面价值成长率（*Growth*），负债—自有资本比率（*DE*），*EPS* 变动的方差（*EVAR*）的定义如下所示。

（1）股票价格（*Price*）

企业的价值相关性被定义为能够反映投资者信息使用情况的盈余能力。盈余的这种能力根据盈余与股票价格（或者收益率）之间的回归分析中得出的盈余反应系数和模型的解释力来检测。与巴斯等（Barth et al.，1999）一样，本书使用股票价格作为因变量，每股账面价值（*BVE*）和每股盈余（*EPS*）作为独立变量，控制成长和风险因素的方法分析决策有用性。与其他研究一样，为了提高企业之间的可比性，使用了 $t+1$ 期 3 月末的普通股价格。

（2）每股盈余（$EPS_{i,t}$）

与主要的相关研究一样［如，斯隆（Sloan，1996）；德肖和迪切夫（Dechow and Dichev，2002）］，每股盈余（$EPS_{i,t}$）使用税前利润（$E_{i,t}$）除以加权平均普通股股票数的值。

$$EPS_{i,t} = \frac{E_{i,t}}{\text{加权平均普通股股票数}}$$

（3）每股账面价值（$BVE_{i,t}$）

$BVE$ 使用的是作为会计年度期末的总资产（$A_{i,t}$）减去负债（$Debit_{i,t}$）的余额，即净资产。

$$BVE_{i,t} = \frac{A_{i,t} - Debit_{i,t}}{\text{加权平均普通股股票数}}$$

（4）账面价值成长率（$Growth_{i,t}$）

与巴斯等（Barth et al.，1999）一样，账面价值成长率（$Growth_{i,t}$）是以过去 6 年账面价值（$BVE_{i,t}$）的成长率计算，计算公式如下所示。

$$Growth_{i,t} = (BVE_{i,t}/ BVE_{i,t-6})^{1/5} - 1$$

（5）负债资本比率（$DE_{i,t}$）

与巴斯等（Barth et al.，1999）一样，负债资本比率（$DE_{i,t}$）是以负债（$Debit_{i,t}$）和净资产（$Eqity_{i,t}$）的比率来计算，计算公式如下所示。

$$DE_{i,t} = \frac{Debit_{i,t}}{Equity_{i,t}}$$

（6）$EPS$ 变动的方差（$EVAR_{i,j}$）

与巴斯等（Barth et al.，1999）一样，$EVAR_{i,j}$使用的是过去 5 年的 $EPS$ 变动额的方差，计算公式如下所示。

$$EVAR_{i,j} = \sigma^2 \sum_{j=t}^{t-4} (EPS_{i,j} - EPS_{i,j-1})/abs(EPS_{i,j} - 1)$$

### 5.2.2 样本选取与数据来源

截至2012年1月20日，Fn Guide中收录的韩国证券交易所上市公司中满足以下条件的作为样本企业—年（firm-year），并选取了至1981年到2011年12月末的时间范围。

（1）不属于金融业、保险业、证券业；

（2）样本期间内会计核算期为12个月的企业；

（3）样本期间内，满足研究中需要的相关主要变量的财务资料的企业；

（4）不属于股价和每股盈余1%两个极端值范围内的企业。

上述标准中（1）和（2）是为确保资料的同质性，属于金融业、保险业、证券业的企业一般来说与制造业和服务业有着不同的资产构成形态和财务报告体系，所以从样本中剔除。以核算期为12个月的标准是为了使样本企业的财务报表和股票等信息指标的一致，易于比较。标准（4）是处理极端值（extreme value）的方法。为取得基于会计信息质量特征的盈余质量指标，适用选样标准（1）~（3）之后，取得了涉及16个行业的379个样本企业，共5489个企业—年。表5－1和表5－2说明会计信息质量特征的盈余质量指标的样本选择情况及其行业分布。

**表5－1 样本选定标准和企业—年数（会计信息质量特征的盈余质量指标）**

| 样本期间的企业 年的总数(1981~2011年) | | 21,170个 |
|---|---|---|
| (1)属于金融、保险、证券业的企业 年 | (2,220) | |
| (2)会计核算日不是12个月的企业 年 | (2,910) | |
| (3)样本期间内,满足研究中需要的相关主要变量的财务资料的企业 年 | (10,551) | (15,681) |
| (4)最终样本企业 年总数(1992~2009年) | | 5,489个 |

表 5-2 样本企业一年的行业分布（会计信息质量特征的盈余质量指标）①

| 行业编码 | 行业名称 | 所属样本企业一年数 | 企业数 |
|---|---|---|---|
| I. 005 | 食品饮料 | 309 | 20 |
| I. 006 | 纤维，服装 | 218 | 14 |
| I. 007 | 纸，木材 | 218 | 14 |
| I. 008 | 化学 | 853 | 56 |
| I. 009 | 医药品 | 271 | 19 |
| I. 010 | 非金属矿物 | 259 | 17 |
| I. 011 | 钢铁和金属 | 368 | 27 |
| I. 012 | 机械 | 260 | 19 |
| I. 013 | 电气，电子 | 556 | 41 |
| I. 015 | 运输装备 | 429 | 29 |
| I. 016 | 流通业 | 402 | 27 |
| I. 017 | 电燃气业 | 88 | 8 |
| I. 018 | 建筑业 | 470 | 30 |
| I. 019 | 运输仓储业 | 191 | 12 |
| I. 026 | 服务行业 | 517 | 38 |
| I. 027 | 制造业 | 80 | 8 |
| 合计 | | 5,489 | 379 |

表 5-3 中按年度列出了构建综合性盈余质量指标中使用的企业一年数的分布。总体来说，为了验证因子分析中使用的 13 个相关盈余质量指标的主要变量，使用了满足条件的 379 个企业的 5489 个企业一年。

① 表中行业分类和企业所属行业分类是以 2012 年 1 月 20 日当日，在 Fn Guide 中收录的韩国证券交易所提供的行业指数标准为依据。

**表 5－3　主要变量的年度分布（会计信息质量特征的盈余质量指标）**

| 年度 | 预测价值和确认价值 | 非正常应计额 | 中立性 | 因子分析 |
|---|---|---|---|---|
| 1992 | 127 | 277 | 273 | 125 |
| 1993 | 132 | 280 | 282 | 130 |
| 1994 | 136 | 296 | 282 | 130 |
| 1995 | 254 | 315 | 288 | 234 |
| 1996 | 301 | 343 | 303 | 268 |
| 1997 | 318 | 357 | 325 | 292 |
| 1998 | 328 | 358 | 355 | 302 |
| 1999 | 351 | 388 | 376 | 345 |
| 2000 | 359 | 399 | 382 | 353 |
| 2001 | 364 | 409 | 384 | 357 |
| 2002 | 365 | 422 | 384 | 358 |
| 2003 | 376 | 435 | 384 | 363 |
| 2004 | 379 | 446 | 384 | 364 |
| 2005 | 392 | 461 | 383 | 370 |
| 2006 | 393 | 471 | 383 | 371 |
| 2007 | 400 | 489 | 383 | 373 |
| 2008 | 435 | 498 | 383 | 375 |
| 2009 | 460 | 517 | 384 | 379 |
| 合计 | 5,870 | 7,161 | 6,318 | 5,489 |

**表 5－4　样本选定标准和企业—年数（价值相关性）**

| | | |
|---|---|---|
| 样本期间的企业　年的总数(1992～2009 年) | | 5,489 个 |
| (1)属于金融、保险、证券业的企业　年 | (181) | (181) |
| (2)最终样本企业　年总数(1992～2009 年) | | 5,308 个 |

表 5-5　　样本企业一年的行业分布（价值相关性）①

| 行业编码 | 行业名称 | 所属样本企业一年数 | 企业数 |
|---|---|---|---|
| I. 005 | 食品饮料 | 273 | 20 |
| I. 006 | 纤维，服装 | 213 | 14 |
| I. 007 | 纸，木材 | 209 | 14 |
| I. 008 | 化学 | 838 | 56 |
| I. 009 | 医药品 | 269 | 19 |
| I. 010 | 非金属矿物 | 255 | 17 |
| I. 011 | 钢铁及金属 | 352 | 27 |
| I. 012 | 机械 | 255 | 19 |
| I. 013 | 电气，电子 | 531 | 41 |
| I. 015 | 运输装备 | 413 | 29 |
| I. 016 | 流通业 | 388 | 27 |
| I. 017 | 电气燃气业 | 88 | 8 |
| I. 018 | 建筑业 | 456 | 30 |
| I. 019 | 运输仓库 | 188 | 12 |
| I. 026 | 服务业 | 503 | 38 |
| I. 027 | 制造业 | 77 | 8 |
| 合计 | | 5,308 | 379 |

① 表中行业分类和企业所属行业分类是以 2012 年 1 月 20 日当日，在 Fn Guide 中收录的韩国证券交易所提供的行业指数标准为依据。

为了验证综合性盈余质量指标的价值相关性，根据样本选取标准（4），在379个企业的5489企业—年中分别剔除了股票价格和EPS分布的两端1%的企业。最后，共取得了涉及16个行业的379个样本企业，共5308个企业—年。表5－4和表5－5说明价值相关性验证的样本选择情况及其行业分布。

## 5.3　综合性盈余质量指标的因子分析

### 5.3.1　因子分析中使用的13个指标的描述性统计

如前所述，本书中为构建基于会计信息质量特征的盈余质量指标，参考了相关研究中普遍使用的模型，利用财务报表的数据推导并整理出13个相关盈余质量的变量。

**表5－6　　因子分析中使用的13个主要变量的描述性统计量**

| | N | 平均值 | 标准偏差 | 25% | 中位数 | 75% |
|---|---|---|---|---|---|---|
| $AACR_{i,t}$ | 5489 | 0.0753 | 0.1134 | 0.0223 | 0.0492 | 0.0938 |
| $PMAACR_{i,t}$ | 5489 | 0.0550 | 0.0997 | 0.0155 | 0.0339 | 0.0644 |
| $FLM_{i,t}$ | 5489 | 0.0443 | 0.0595 | 0.0121 | 0.0281 | 0.0569 |
| $WCAAC_{i,t}$ | 5489 | 0.0736 | 0.1149 | 0.0211 | 0.0467 | 0.0918 |
| $PMWCAAC_{i,t}$ | 5489 | 0.0554 | 0.1030 | 0.0160 | 0.0342 | 0.0640 |
| $PV\_1_{i,t}$ | 5489 | 0.1319 | 2.7383 | 0.0101 | 0.0261 | 0.0621 |
| $PV\_2_{i,t}$ | 5489 | 0.1245 | 1.6664 | 0.0106 | 0.0278 | 0.0699 |
| $PV\_3_{i,t}$ | 5489 | 0.1290 | 1.9577 | 0.0231 | 0.0500 | 0.0923 |
| $PV\_4_{i,t}$ | 5489 | 0.1345 | 1.3190 | 0.0267 | 0.0571 | 0.1121 |
| $FV\_1_{i,t}$ | 5489 | 0.7882 | 25.6914 | 0.0024 | 0.0083 | 0.0236 |

续表

| | N | 平均值 | 标准偏差 | 25% | 中位数 | 75% |
|---|---|---|---|---|---|---|
| $FV\_2_{i,t}$ | 5489 | 0.4585 | 12.5283 | 0.0096 | 0.0277 | 0.0750 |
| $Neu\_1_{i,t}$ | 5489 | 0.0377 | 0.1905 | 0.0000 | 0.0000 | 0.0000 |
| $Neu\_2_{i,t}$ | 5489 | 0.0220 | 0.1468 | 0.0000 | 0.0000 | 0.0000 |

注：$AACR_{i,t}$、$PMAACR_{i,t}$、$FLM_{i,t}$、$WCAAC_{i,t}$和$PMWCAAC_{i,t}$是完整性和无差错的相关指标；$PV\_1_{i,t}$、$PV\_2_{i,t}$、$PV_3_{i,t}$和$PV_4_{i,t}$是预测价值的相关指标；$FV_1_{i,t}$和$FV_2_{i,t}$是确证价值的相关指标；$Neu_1_{i,t}$和$Neu_2_{i,t}$是中立性的相关指标。

表5－6为这13个会计信息质量特征的多种指标的描述性统计量。利用于因子分析中的样本企业—年是5489个，13个指标中除$PV_1_{i,t}$和$PV_2_{i,t}$以外的其他指标的平均值均大于中位数，这表明指标的分布是向右倾斜的，并且代表同一特征的具体构成要素指标的平均值和中位数的分布比较相似。相关性的要素——预测价值的相关指标$PV_1_{i,t}$、$PV\_2_{i,t}$、$PV_3_{i,t}$和$PV_4_{i,t}$的平均值和中位数的分布范围分别是在0.1245～0.1345和0.0261～0.0571。确证价值的相关指标$FV_1_{i,t}$和$FV_2_{i,t}$的平均值和中位数的分布分别为0.7882、0.0083和0.4585、0.0277。如实反映的要素——完整性和无差错的相关指标$AACR_{i,t}$、$PMAACR_{i,t}$、$FLM_{i,t}$、$WCAAC_{i,t}$和$PMWCAAC_{i,t}$的平均值分布范围是在0.0443～0.0753、中位数分布范围是在0.0281～0.0492；中立性的相关指标$Neu_1_{i,t}$和$Neu_2_{i,t}$的平均值分别为0.0377和0.0220、中位数是零。

表5－7说明用于因子分析中使用的13个主要指标之间的相关关系，表中右上端为Pearson相关系数，左下端为Spearman相关系数。表5－2中显示，同一特征构成要素的指标之间显著正相关，并且除中立性之外的其他构成要素之间的相关系数均大于0.2。意料之外的是，预测价值与完整性和无差错要素之间的相关关系显著较高。

表 5-7 因子分析中使用的 13 个主要变量的相关关系

| Pearson / Spearman | $AACR_{i,t}$ | $PMAACR_{i,t}$ | $FLM_{i,t}$ | $WCAAC_{i,t}$ | $PMWCAAC_{i,t}$ | $PV\_1_{i,t}$ | $PV\_2_{i,t}$ | $PV\_3_{i,t}$ | $PV\_4_{i,t}$ | $FV\_1_{i,t}$ | $FV\_2_{i,t}$ | $Neu\_1_{i,t}$ | $Neu\_2_{i,t}$ |
|---|---|---|---|---|---|---|---|---|---|---|---|---|---|
| $AACR_{i,t}$ | 1.000 | 0.888*** | 0.402*** | 0.948*** | 0.877*** | 0.533*** | 0.550*** | 0.535*** | 0.552*** | 0.052*** | 0.079*** | -0.008 | 0.000 |
| $PMAACR_{i,t}$ | 0.335*** | 1.000 | 0.343*** | 0.869*** | 0.941*** | 0.570*** | 0.581*** | 0.575*** | 0.587*** | 0.057*** | 0.085*** | -0.006 | -0.005 |
| $FLM_{i,t}$ | 0.358*** | 0.215*** | 1.000 | 0.375*** | 0.321*** | 0.056*** | 0.097*** | 0.052*** | 0.083*** | 0.050*** | 0.056*** | -0.048*** | -0.030** |
| $WCAAC_{i,t}$ | 0.810*** | 0.364*** | 0.335*** | 1.000 | 0.902*** | 0.536*** | 0.552*** | 0.537*** | 0.553*** | 0.050*** | 0.077*** | -0.008 | -0.008 |
| $PMWCAAC_{i,t}$ | 0.381*** | 0.686*** | 0.217*** | 0.340*** | 1.000 | 0.566*** | 0.577*** | 0.570*** | 0.581*** | 0.060*** | 0.087*** | -0.008 | -0.009 |
| $PV\_1_{i,t}$ | 0.116*** | 0.099*** | 0.223*** | 0.120*** | 0.088*** | 1.000 | 0.986*** | 0.993*** | 0.974*** | 0.119*** | 0.170*** | -0.006 | -0.005 |
| $PV\_2_{i,t}$ | 0.162*** | 0.129*** | 0.236*** | 0.167*** | 0.122*** | 0.856*** | 1.000 | 0.979*** | 0.981*** | 0.121*** | 0.173*** | -0.009 | -0.008 |
| $PV\_3_{i,t}$ | 0.128*** | 0.102*** | 0.118*** | 0.101*** | 0.075*** | 0.428*** | 0.392*** | 1.000 | 0.988*** | 0.121*** | 0.172*** | -0.006 | -0.005 |
| $PV\_4_{i,t}$ | 0.230*** | 0.179*** | 0.163*** | 0.214*** | 0.163*** | 0.389*** | 0.417*** | 0.746*** | 1.000 | 0.111*** | 0.163*** | -0.008 | -0.007 |
| $FV\_1_{i,t}$ | 0.115*** | 0.104*** | 0.227*** | 0.107*** | 0.099*** | 0.383*** | 0.373*** | 0.260*** | 0.257*** | 1.000 | 0.957*** | -0.006 | -0.005 |
| $FV\_2_{i,t}$ | 0.146*** | 0.122*** | 0.088*** | 0.140*** | 0.099*** | 0.073*** | 0.073*** | 0.352*** | 0.328*** | 0.226*** | 1.000 | -0.006 | -0.003 |
| $Neu\_1_{i,t}$ | -0.004 | 0.016 | -0.058*** | -0.002 | 0.005 | -0.012 | 0.002 | 0.009 | 0.013 | -0.014 | 0.019 | 1.000 | 0.016 |
| $Neu\_2_{i,t}$ | 0.024* | 0.008 | -0.031** | 0.012 | 0.001 | -0.05*** | -0.053*** | -0.024* | -0.028** | -0.082*** | -0.001 | 0.016 | 1.000 |

注：1. ***：Correlation is significant at the 1% level（2-tailled）.

**：Correlation is significant at the 5% level（2-tailled）.

*：Correlation is significant at the 10% level（2-tailled）.

2. The upper is Pearson correlation，the lower is Spearman correlation.

### 5.3.2 因子分析结果

为了取得综合反映会计信息质量特征构成要素特征的盈余质量指标，针对相关盈余质量的13个指标实行主成分因子分析。

表5-8 主成分分析法提取因子的结果

| Component<br>主成分 | Eigenvalues<br>特征值 | % of Variance<br>方差贡献率 | Cumulative %<br>累计方差贡献率 |
|---|---|---|---|
| 1 | 6.190 | 47.614 | 47.614 |
| 2 | 1.991 | 15.316 | 62.931 |
| 3 | 1.727 | 13.287 | 76.217 |
| 4 | 1.022 | 7.860 | 84.078 |
| 5 | 0.984 | 7.573 | 91.651 |
| 6 | 0.715 | 5.502 | 97.153 |
| 7 | 0.172 | 1.323 | 98.476 |
| 8 | 0.076 | 0.584 | 99.060 |
| 9 | 0.041 | 0.317 | 99.377 |
| 10 | 0.033 | 0.255 | 99.632 |
| 11 | 0.026 | 0.203 | 99.835 |
| 12 | 0.020 | 0.157 | 99.992 |
| 13 | 0.001 | 0.008 | 100.000 |

表5-8是采用主成分分析法提取主成分的结果。“主成分”（Component）列为13个主成分，即因子；“特征值”（Eigenvalues）列为各因子的特征值，特征值越大表示此因子在解释13个变量的变异量时越

重要；“方差贡献率”（% of Variance）列为每一个提取因子可解释变量的变异量；“累计方差贡献率”（Cumulative %）为解释变量的变异量的累计百分比。特征值大于1作为保留主成分保留的标准，表中特征值大于1的数据共有4个，这也是因子分析时提取的因子的个数。特征值由大至小排列分别为6.190、1.991、1.727、1.022，其方差贡献率分别为47.614、15.316、13.287、7.860，累计的方差贡献率为84.078%。第一个因子的方差贡献率最大，第四个因子的方差贡献率最小，4个因子共可解释84.078%的变异量，即4个因子说明13个变量的84.078%的信息。

表5-9为13个变量在4个因子上的因子组行矩阵①，主要说明因子分析中得出的旋转前和旋转后的公共因子以及每个公共因子的因子负荷量（factor loadings）。由于会计信息质量特征之间并非是完全独立的，各要素之间有某种程度上的相关性。基于此，本研究中采用斜交旋转法进行了主成分因子分析②，表中旋转后矩阵中的数值为斜交旋转后的因子负荷量，变量在4个因子中都有1个因子负荷量，其中因子负荷量最大的，变量则属于那个因子。如变量$PV_1_{i,t}$在4个公共因子上的因子负荷量分别为0.973、0.032、0.039和-0.028，变量$PV_1_{i,t}$与公共因子1的关系最密切，因而归类于公共因子1。

---

① 采用斜交旋转时会产生组型矩阵（pattern matrix）与结构矩阵（structure matrix）。因子组型矩阵中的负荷量说明各变量对因子分析中提取的公共因子的贡献程度；因子结构矩阵中的负荷量说明变量与公共因子之间的相关系数，它既包括变量与因子之间的特殊变异量（specific variance）也包括因子之间的相关系数。因子之间的相关关系越高越难于判断因子结构矩阵中的公共因子的负荷量是由哪个变量所提供的。因此，调查研究者主要参考因子组型矩阵的结果为研究依据。

② 本研究中也参考了正交旋转的因子分析，但是其结果与采用斜交旋转的因子分析的结果基本一致。

**表 5－9　　旋转前和旋转后的因子组型矩阵**

| | 旋转前因子组型矩阵 | | | | 旋转后因子组型矩阵 | | | | |
|---|---|---|---|---|---|---|---|---|---|
| | 因子 1 | 因子 2 | 因子 3 | 因子 4 | 因子 1 | 因子 2 | 因子 3 | 因子 4 | 共同度 |
| $PV\_1_{i,t}$ | 0.880 | 0.216 | －0.399 | －0.025 | **0.973** | 0.032 | 0.039 | －0.028 | 0.917 |
| $PV\_2_{i,t}$ | 0.889 | 0.204 | －0.373 | －0.031 | **0.956** | 0.035 | 0.070 | －0.033 | 0.893 |
| $PV\_3_{i,t}$ | 0.883 | 0.217 | －0.398 | －0.024 | **0.975** | 0.033 | 0.040 | －0.027 | 0.452 |
| $PV\_4_{i,t}$ | 0.889 | 0.195 | －0.379 | －0.028 | **0.958** | 0.024 | 0.070 | －0.030 | 0.909 |
| $FV\_1_{i,t}$ | 0.156 | 0.842 | 0.493 | 0.019 | 0.011 | **0.989** | －0.010 | 0.015 | 0.893 |
| $FV\_2_{i,t}$ | 0.201 | 0.848 | 0.467 | 0.018 | 0.063 | **0.983** | －0.009 | 0.014 | 0.981 |
| $AACR_{i,t}$ | 0.844 | －0.299 | 0.336 | 0.041 | 0.199 | －0.031 | **0.868** | 0.061 | 0.977 |
| $PMAACR_{i,t}$ | 0.861 | －0.267 | 0.281 | 0.042 | 0.264 | －0.030 | **0.817** | 0.060 | 0.972 |
| $WCAAC_{i,t}$ | 0.845 | －0.297 | 0.326 | 0.039 | 0.209 | －0.034 | **0.859** | 0.058 | 0.985 |
| $PMWCAAC_{i,t}$ | 0.860 | －0.267 | 0.285 | 0.043 | 0.261 | －0.028 | **0.820** | 0.061 | 0.978 |
| $FLM_{i,t}$ | 0.289 | －0.263 | 0.533 | －0.120 | －0.298 | 0.063 | **0.696** | －0.104 | 0.973 |
| $Neu\_1_{i,t}$ | －0.013 | 0.006 | －0.041 | 0.731 | －0.039 | 0.007 | 0.002 | **0.734** | 0.536 |
| $Neu\_2_{i,t}$ | －0.010 | 0.002 | －0.024 | 0.680 | －0.046 | 0.012 | 0.015 | **0.684** | 0.464 |
| Cronbach's α | — | — | — | — | 0.971 | 0.860 | 0.929 | — | — |
| 特征值 | — | — | — | — | 6.190 | 1.991 | 1.727 | 1.022 | — |

因子分析得出，$PV\_1_{i,t}$、$PV\_2_{i,t}$、$PV\_3_{i,t}$、$PV_4_{i,t}$归类于公共因子1，$FV\_1_{i,t}$、$FV_2_{i,t}$归类于公共因子2，$AACR_{i,t}$、$PMAACR_{i,t}$、$WCAAC_{i,t}$、$PMWCAAC_{i,t}$、$FLM_{i,t}$归类于公共因子3，$Neu\_1_{i,t}$、$Neu_2_{i,t}$归类于公共因子4。在进行因子分析之前预测可能获得的因子数目是2个，也就是联合概念框架中提出的基本信息质量特征（相关性与充分反映）。然而分析结果，获得了上述4个因子，并且这4个因子分别与联合概念框架中的基本质量特征（相关性和如实反映）的个别构成要素，即预测价值、确证价值、完整性和无差错及中立性相符。随后进行的信度检验中，因

子层面的 Cronbach' s α 都在 0.8[①] 以上：因子 1 为 0.971，因子 2 为 0.860，因子 3 为 0.929，整体的信度水平相对较高[②]。

## 5.4　综合性盈余质量的价值相关性分析

### 5.4.1　价值相关性模型主要变量的描述性统计

假设验证模型中使用的主要变量 *P*，*EPS*，*BE*，*Growth*，*DE*，*EVAR* 等的描述性统计如表 5－10 所示。表 5－10 中列示了根据因子分数构成的不同 Portfolio（HHH、LLL 和其他剩余企业）中以上各个变量的平均值和中位数。全部样本的股票价格（*P*）、每股收益（*EPS*）和股票收益率（*RET*）的平均值分别为 20.261、1.811 和 18.41%。

不同 Portfolio 中主要变量的平均值和中位数水平均有差异。其中，HHH 和 LLL 之间的差异比较显著。HHH 企业组合中，企业规模、*EPS* 和 *BE* 等变量的平均值和中位数明显高于整体样本；相反，LLL 企业组合中的这些变量明显低于整体样本的水平。另外，企业特征的相关变量在 HHH 和 LLL 企业组合中的水平也不同。如，企业成长因素的变量 *Growth* 在 HHH 中的平均数和中位数相对较高，分别为 0.008 和 0.039；风险因素变量 *DE* 和 *EVAR* 的平均数和中位数相对较低，分别为 1.504，0.928 和 819.675，1.589。相反，在 LLL 企业组合中 *Growth* 的平均数和中位数相对较低，分别为－0.078 和 0.029；风险因素变量 *DE* 和 *EVAR* 的平均数和中位数相对较高，分别为 4.642 和 1.424，1486.823 和 2.613。

---

① 常见的信度系数值多半为 0～1（余民宇，2002）。信度系数值越接近 1，表示量表或测验的信度越高；信度系数值越接近 0，表示信度越低。在信度系数的接受度上面，因子层面的 Cronbach' s α 系数最好在 0.70 以上，如果在 0.60 以上，勉强可以接受。

② 因子 4（中立性）的变量是定类型数据，则不讨论其 Cronbach' s α 值。

表 5－10　　主要变量的描述性统计　　单位：亿韩元

| | 全部样本企业（N＝5308） | | HHH 组合（N＝1071） | | LLL 组合（N＝1129） | | 其他剩余企业（N＝3108） | |
|---|---|---|---|---|---|---|---|---|
| 变量 | 平均值 | 中位数 | 平均值 | 中位数 | 平均值 | 中位数 | 平均值 | 中位数 |
| *MV*＊ | 3795.5300 | 513.870 | 4741.800 | 545.980 | 2492.7500 | 452.840 | 3942.690 | 520.300 |
| *BV*＊ | 4458.1600 | 910.500 | 5995.930 | 1088.970 | 2738.9600 | 795.990 | 4552.760 | 910.500 |
| *Size* | 17.9940 | 17.755 | 18.124 | 17.816 | 17.8240 | 17.628 | 18.010 | 17.767 |
| *EPS* | 1.8110 | 0.895 | 2.099 | 1.126 | 1.1583 | 0.648 | 1.949 | 0.917 |
| *RET* | 18.4510 | 3.340 | 21.858 | 9.090 | 17.1180 | －2.830 | 17.760 | 3.305 |
| *P* | 20.2610 | 11.000 | 22.435 | 12.000 | 17.4960 | 9.780 | 20.516 | 11.200 |
| *BVE* | 29.3480 | 18.361 | 34.183 | 21.350 | 24.0780 | 15.686 | 29.596 | 18.480 |
| *Growth* | －0.0475 | 0.034 | 0.008 | 0.039 | －0.0780 | 0.029 | －0.056 | 0.033 |
| *DE* | 2.5900 | 1.167 | 1.504 | 0.928 | 4.6420 | 1.424 | 2.218 | 1.153 |
| *EVAR* | 933.8530 | 2.016 | 819.675 | 1.589 | 1486.8230 | 2.613 | 772.329 | 2.131 |

注：*MV*＝市场价值，*P*＝t＋1 期　3 月 31 日基准股票价格，*BV*＝账面价值，*BVE*＝账面价值/加权平均普通股股票价格，*Size*＝市场价值 lg 值，*Growth*＝过去 6 年的账面价值增长，*EPS*＝每股收益，*DE*＝负债/净资产，*RET*＝t＋1 期　3 月 31 日基准股票年收益率，*EVAR*＝过去 5 年 EPS 变动率。

表 5－11～表 5－16 是从因子分析中取得的 4 个因子中，分别以 2 个因子为单位组成的企业组合（HH、LL、HL 和 LH）中各个变量的描述性统计。比较 HH 组合与 LL 组合中的各个变量平均值与中位数的结果与 HHH 组合与 LLL 组合的比较结果相似。但是一个因子分数高、另一个因子低的 HL 组合和 LH 组合比较结果显示，他们之间的差异并非都是显著的，而且没有得到一致的结论。

表 5－11　　主要变量的描述性统计（因子 1、2）　　单位：亿韩元

| | HH_12 组合 (N＝430) | | LL_12 组合 (N＝430) | | HL_12 组合 (N＝2224) | | LH_12 组合 (N＝2224) | |
|---|---|---|---|---|---|---|---|---|
| 变量 | 平均值 | 中位数 | 平均值 | 中位数 | 平均值 | 中位数 | 平均值 | 中位数 |
| *MV* * | 2445.270 | 542.370 | 2914.500 | 372.710 | 4463.210 | 517.800 | 3559.250 | 528.360 |
| *BV* * | 3339.000 | 977.960 | 3397.890 | 694.270 | 4658.420 | 944.320 | 4679.470 | 904.970 |
| *Size* | 17.972 | 17.809 | 17.649 | 17.434 | 18.072 | 17.762 | 17.986 | 17.783 |
| *EPS* | 1.872 | 1.243 | 0.433 | 0.493 | 2.223 | 0.991 | 1.653 | 0.863 |
| *RET* | 20.429 | 7.025 | 4.060 | －8.040 | 19.846 | 4.950 | 19.454 | 1.995 |
| *P* | 19.862 | 13.050 | 15.272 | 7.415 | 21.484 | 9.895 | 20.079 | 12.200 |
| *BVE* | 31.485 | 20.269 | 21.944 | 13.353 | 29.877 | 18.231 | 29.837 | 18.863 |
| *Growth* | 0.011 | 0.040 | －0.195 | 0.001 | －0.053 | 0.031 | －0.025 | 0.038 |
| *DE* | 1.409 | 1.082 | 9.346 | 1.424 | 2.212 | 0.988 | 1.889 | 1.325 |
| *EVAR* | 129.629 | 1.291 | 510.243 | 6.44 | 1311.371 | 2.808 | 793.732 | 1.504 |

注：*MV*＝市场价值，*P*＝*t*＋1 期　3 月 31 日基准股票价格，*BV*＝账面价值，*BVE*＝账面价值/加权平均普通股股票价格，*Size*＝市场价值 lg 值，*Growth*＝过去 6 年的账面价值增长，*EPS*＝每股收益，*DE*＝负债/净资产，*RET*＝*t*＋1 期　3 月 31 日基准股票年收益率，*EVAR*＝过去 5 年 EPS 变动率。

表 5－12　　主要变量的描述性统计（因子 1、3）　　单位：亿韩元

| | HH_13 组合 (N＝988) | | LL_13 组合 (N＝988) | | HL_13 组合 (N＝1666) | | LH_13 组合 (N＝1666) | |
|---|---|---|---|---|---|---|---|---|
| 变量 | 平均值 | 中位数 | 平均值 | 中位数 | 平均值 | 中位数 | 平均值 | 中位数 |
| *MV* * | 4709.190 | 564.290 | 2293.930 | 430.660 | 3796.490 | 487.600 | 4143.220 | 543.230 |
| *BV* * | 5559.600 | 1109.550 | 2576.160 | 762.460 | 3783.190 | 891.460 | 5596.030 | 951.630 |
| *Size* | 18.152 | 17.848 | 17.774 | 17.578 | 17.998 | 17.702 | 18.025 | 17.810 |
| *EPS* | 2.201 | 1.181 | 1.075 | 0.601 | 2.146 | 0.958 | 1.681 | 0.891 |

续表

| | HH_13 组合 (N=988) | | LL_13 组合 (N=988) | | HL_13 组合 (N=1666) | | LH_13 组合 (N=1666) | |
|---|---|---|---|---|---|---|---|---|
| 变量 | 平均值 | 中位数 | 平均值 | 中位数 | 平均值 | 中位数 | 平均值 | 中位数 |
| *RET* | 21. 335 | 9. 790 | 17. 548 | -2. 975 | 19. 114 | 2. 345 | 16. 611 | 3. 560 |
| *P* | 23. 111 | 12. 000 | 17. 607 | 9. 625 | 20. 100 | 9. 375 | 20. 304 | 12. 625 |
| *BVE* | 34. 469 | 21. 520 | 24. 081 | 15. 581 | 27. 569 | 17. 091 | 31. 213 | 19. 777 |
| *Growth* | 0. 009 | 0. 040 | -0. 085 | 0. 030 | -0. 073 | 0. 028 | -0. 033 | 0. 037 |
| *DE* | 1. 496 | 0. 926 | 4. 931 | 1. 423 | 2. 430 | 1. 069 | 2. 010 | 1. 278 |
| *EVAR* | 858. 976 | 1. 458 | 1605. 021 | 2. 759 | 1274. 647 | 3. 210 | 239. 438 | 1. 481 |

注：* *MV* = 市场价值，*P* = *t* +1 期　3 月 31 日基准股票价格，*BV* = 账面价值，*BVE* = 账面价值/加权平均普通股股票价格，*Size* = 市场价值 lg 值，*Growth* = 过去 6 年的账面价值增长，*EPS* = 每股收益，*DE* = 负债/净资产，*RET* = *t* +1 期　3 月 31 日基准股票年收益率，*EVAR* = 过去 5 年 EPS 变动率。

**表 5-13　　主要变量的描述性统计（因子 1、4）　　单位：亿韩元**

| | HH_14 组合 (N=2277) | | LL_14 组合 (N=2277) | | HL_14 组合 (N=377) | | LH_14 组合 (N=377) | |
|---|---|---|---|---|---|---|---|---|
| 变量 | 平均值 | 中位数 | 平均值 | 中位数 | 平均值 | 中位数 | 平均值 | 中位数 |
| *MV* * | 4332. 600 | 513. 840 | 3439. 180 | 533. 680 | 2950. 390 | 540. 710 | 3549. 090 | 339. 990 |
| *BV* * | 4590. 490 | 957. 890 | 4344. 540 | 896. 230 | 3562. 680 | 941. 050 | 5240. 600 | 710. 590 |
| *Size* | 18. 061 | 17. 755 | 17. 985 | 17. 793 | 18. 022 | 17. 806 | 17. 608 | 17. 342 |
| *EPS* | 2. 201 | 1. 002 | 1. 628 | 0. 867 | 1. 959 | 1. 175 | 0. 412 | 0. 359 |
| *RET* | 19. 651 | 5. 030 | 18. 902 | 1. 930 | 21. 689 | 6. 330 | 5. 231 | -4. 690 |
| *P* | 21. 164 | 9. 950 | 19. 793 | 12. 100 | 21. 568 | 13. 400 | 16. 327 | 7. 360 |
| *BVE* | 29. 827 | 18. 331 | 29. 251 | 18. 641 | 32. 013 | 20. 323 | 24. 370 | 13. 952 |
| *Growth* | -0. 051 | 0. 031 | -0. 030 | 0. 037 | 0. 011 | 0. 040 | -0. 189 | 0. 003 |

续表

| | HH_14 组合 (N = 2277) | | LL_14 组合 (N = 2277) | | HL_14 组合 (N = 377) | | LH_14 组合 (N = 377) | |
|---|---|---|---|---|---|---|---|---|
| 变量 | 平均值 | 中位数 | 平均值 | 中位数 | 平均值 | 中位数 | 平均值 | 中位数 |
| *DE* | 2. 193 | 0. 987 | 1. 957 | 1. 354 | 1. 413 | 1. 093 | 9. 982 | 1. 197 |
| *EVAR* | 1276. 958 | 2. 737 | 804. 632 | 1. 482 | 171. 344 | 1. 291 | 404. 556 | 6. 302 |

注：* *MV* = 市场价值，*P* = *t* + 1 期　3 月 31 日基准股票价格，*BV* = 账面价值，*BVE* = 账面价值/加权平均普通股股票价格，*Size* = 市场价值 lg 值，*Growth* = 过去 6 年的账面价值增长，*EPS* = 每股收益，*DE* = 负债/净资产，*RET* = *t* + 1 期　3 月 31 日基准股票年收益率，*EVAR* = 过去 5 年 EPS 变动率。

**表 5 – 14　　主要变量的描述性统计（因子 2、3）　　单位：亿韩元**

| | HH_23 组合 (N = 1679) | | LL_23 组合 (N = 1679) | | HL_23 合 (N = 975) | | LH_23 组合 (N = 975) | |
|---|---|---|---|---|---|---|---|---|
| 变量 | 平均值 | 中位数 | 平均值 | 中位数 | 平均值 | 中位数 | 平均值 | 中位数 |
| *MV* * | 4134. 470 | 547. 790 | 3910. 600 | 451. 600 | 2077. 400 | 499. 940 | 4731. 800 | 557. 430 |
| *BV* * | 5581. 570 | 1037. 620 | 3798. 110 | 844. 710 | 2534. 370 | 843. 360 | 5584. 000 | 1042. 820 |
| *Size* | 18. 055 | 17. 819 | 17. 946 | 17. 626 | 17. 862 | 17. 727 | 18. 102 | 17. 836 |
| *EPS* | 1. 754 | 1. 000 | 1. 847 | 0. 804 | 1. 576 | 0. 777 | 2. 081 | 0. 932 |
| *RET* | 17. 892 | 4. 320 | 16. 183 | 0. 000 | 22. 575 | -0. 430 | 19. 193 | 7. 760 |
| *P* | 20. 599 | 13. 000 | 19. 221 | 8. 430 | 19. 089 | 11. 500 | 22. 641 | 11. 350 |
| *BVE* | 32. 030 | 20. 365 | 25. 971 | 15. 763 | 26. 787 | 17. 092 | 33. 105 | 20. 425 |
| *Growth* | -0. 019 | 0. 038 | -0. 111 | 0. 020 | -0. 020 | 0. 040 | -0. 016 | 0. 037 |
| *DE* | 1. 722 | 1. 221 | 4. 171 | 1. 089 | 1. 965 | 1. 404 | 1. 985 | 0. 982 |
| *EVAR* | 190. 147 | 1. 282 | 1314. 818 | 3. 963 | 1540. 249 | 1. 766 | 952. 117 | 1. 977 |

注：* *MV* = 市场价值，*P* = *t* + 1 期　3 月 31 日基准股票价格，*BV* = 账面价值，*BVE* = 账面价值/加权平均普通股股票价格，*Size* = 市场价值 lg 值，*Growth* = 过去 6 年的账面价值增长，*EPS* = 每股收益，*DE* = 负债/净资产，*RET* = *t* + 1 期　3 月 31 日基准股票年收益率，*EVAR* = 过去 5 年 EPS 变动率。

表 5－15　　主要变量的描述性统计（因子 2、4）　　单位：亿韩元

| | HH_24 组合（N＝229） | | LL_24 组合（N＝229） | | HL_24 组合（N＝2425） | | LH_24 组合（N＝2425） | |
|---|---|---|---|---|---|---|---|---|
| 变量 | 平均值 | 中位数 | 平均值 | 中位数 | 平均值 | 中位数 | 平均值 | 中位数 |
| *MV* * | 3487.360 | 507.530 | 3382.810 | 582.720 | 3368.510 | 531.750 | 4290.610 | 47.890 |
| *BV* * | 6255.840 | 1135.080 | 3605.960 | 896.230 | 4292.740 | 903.750 | 4534.290 | 905.580 |
| *Size* | 17.975 | 17.742 | 18.050 | 17.881 | 17.985 | 17.789 | 17.999 | 17.684 |
| *EPS* | 1.744 | 1.063 | 1.589 | 0.873 | 1.684 | 0.904 | 1.966 | 0.867 |
| *RET* | 19.286 | 3.400 | 15.644 | 0.110 | 19.643 | 2.930 | 17.444 | 4.020 |
| *P* | 18.737 | 12.050 | 18.746 | 10.000 | 20.167 | 12.450 | 20.641 | 9.270 |
| *BVE* | 31.253 | 19.149 | 25.919 | 17.267 | 29.995 | 19.214 | 28.844 | 17.710 |
| *Growth* | 0.002 | 0.039 | －0.058 | 0.031 | －0.021 | 0.038 | －0.078 | 0.028 |
| *DE* | 1.685 | 1.030 | 2.480 | 1.486 | 1.823 | 1.307 | 3.452 | 1.016 |
| *EVAR* | 139.499 | 1.765 | 470.255 | 1.932 | 737.754 | 1.403 | 1248.744 | 3.297 |

注：* *MV*＝市场价值，*P*＝*t*＋1 期　3 月 31 日基准股票价格，*BV*＝账面价值，*BVE*＝账面价值/加权平均普通股股票价格，*Size*＝市场价值 lg 值，*Growth*＝过去 6 年的账面价值增长，*EPS*＝每股收益，*DE*＝负债/净资产，*RET*＝*t*＋1 期　3 月 31 日基准股票年收益率，*EVAR*＝过去 5 年 EPS 变动率。

表 5－16　　主要变量的描述性统计（因子 3、4）　　单位：亿韩元

| | HH_34 组合（N＝1078） | | LL_34 组合（N＝1078） | | HL_34 组合（N＝1576） | | LH_34 组合（N＝1576） | |
|---|---|---|---|---|---|---|---|---|
| 变量 | 平均值 | 中位数 | 平均值 | 中位数 | 平均值 | 中位数 | 平均值 | 中位数 |
| *MV* * | 4737.430 | 535.200 | 2314.450 | 506.120 | 4091.580 | 557.010 | 3868.270 | 442.550 |
| *BV* * | 5985.690 | 1077.030 | 2664.520 | 838.800 | 5306.660 | 981.170 | 3791.670 | 846.490 |

续表

| | HH_34 组合（N = 1078） | | LL_34 组合（N = 1078） | | HL_34 组合（N = 1576） | | LH_34 组合（N = 1576） | |
|---|---|---|---|---|---|---|---|---|
| 变量 | 平均值 | 中位数 | 平均值 | 中位数 | 平均值 | 中位数 | 平均值 | 中位数 |
| *Size* | 18.093 | 17.796 | 17.892 | 17.740 | 18.058 | 17.836 | 17.931 | 17.605 |
| *EPS* | 2.013 | 0.996 | 1.523 | 0.792 | 1.779 | 0.951 | 1.901 | 0.799 |
| *RET* | 18.859 | 7.060 | 21.145 | -1.005 | 18.035 | 4.675 | 16.744 | 0.980 |
| *P* | 22.319 | 11.450 | 19.108 | 11.100 | 20.685 | 13.000 | 19.216 | 8.395 |
| *BVE* | 33.506 | 20.314 | 26.658 | 17.128 | 31.686 | 20.453 | 26.006 | 15.469 |
| *Growth* | -0.011 | 0.039 | -0.027 | 0.039 | -0.022 | 0.037 | -0.112 | 0.019 |
| *DE* | 1.780 | 0.945 | 1.930 | 1.388 | 1.845 | 1.268 | 4.339 | 1.072 |
| *EVAR* | 813.84 | 1.930 | 1416.039 | 1.773 | 234.932 | 1.215 | 1385.045 | 4.006 |

注：*MV* = 市场价值，*P* = *t* + 1 期　3 月 31 日基准股票价格，*BV* = 账面价值，*BVE* = 账面价值/加权平均普通股股票价格，*Size* = 市场价值 lg 值，*Growth* = 过去 6 年的账面价值增长，*EPS* = 每股收益，*DE* = 负债/净资产，*RET* = *t* + 1 期　3 月 31 日基准股票年收益率，*EVAR* = 过去 5 年 EPS 变动率。

## 5.4.2　综合性盈余质量指标的价值相关性检验

决策有用性被定义为企业价值评价时会计盈余反应的投资者信息使用程度。为了验证综合性盈余质量指标的决策有用性，利用模型 A 分别进行总体回归分析（pooled OLS regression）和年度回归分析，其结果见表 5－17。

**表 5－17　　会计信息质量特征的盈余质量指标价值相关性分析**

$$Price_{i,t} = \delta_0 + \delta_1 BVE_{i,t} + \delta_2 EPS_{i,t} + \delta_3 (EPS_{i,t} * Growth_{i,t}) + \delta_4 (EPS_{i,t} * DE_{i,t}) + \delta_5 (EPS_{i,t} * EVAR_{i,t}) + \psi_{i,t} \quad (A)$$

| | HHH 组合 | | LLL 组合 | |
|---|---|---|---|---|
| 分析 | 总体回归分析 | 年度回归分析 | 总体回归分析 | 年度回归分析 |
| 常数 | 6. 207 *** | 6. 039 *** | 6. 887 *** | 5. 968 *** |
| $BVE_t$ | 0. 252 *** | 0. 260 *** | 0. 348 *** | 0. 346 *** |
| $EPS_t$ | 3. 645 *** | 4. 639 *** | 1. 552 *** | 1. 389 *** |
| $EPS_t * Growth_t$ | 0. 227 | －1. 839 | 0. 832 *** | 1. 855 |
| $EPS_t * DE_t$ | －0. 059 | －0. 326 | －0. 002 | 0. 215 |
| $EPS_t * EVAR_t$ | －0. 000 | －0. 033 | －0. 000 *** | 0. 001 |
| $N$ | 1,071 | 18 | 1,129 | 18 |
| $Adj \cdot R^2$ | 53. 0% | 59. 7% | 44. 6% | 57. 4% |
| $F$-value | 242. 104 *** | | 182. 474 *** | |

Behrens-Fisher test

| 检验 | 差额 | 标准差 | Probability | |
|---|---|---|---|---|
| | | | “ >0” | “ <0” |
| $EPS_{HHH} > EPS_{LLL}$ | 3. 268 *** | 0. 813 | 100% | 0% |
| $Adj \cdot R^2_{HHH} > Adj \cdot R^2_{LLL}$ | 9. 9% *** | 6. 7% | 93. 3% | 6. 7% |

注：1. HHH 组合是会计信息质量特征的盈余质量高的企业组成；LLL 组合是会计信息质量特征的盈余质量低的企业组合。

2. *** 表示在 1% 的水平上显著。

3. “ >0” 表明 “$EPS_{HHH} - EPS_{LLL} > 0$” 或 “$AdjR^2_{HHH} - AdjR^2_{LLL} > 0$”，“ <0” 表明 “$EPS_{HHH} - EPS_{LLL} < 0$” 或 “$AdjR^2_{HHH} - AdjR^2_{LLL} < 0$”。

如表5-17中所示，在总体回归分析中，HHH（综合性盈余质量高的组合）的股价—盈余倍数和股价解释力分别为3.645和53.0%（在1%的水平上显著）。这些数值显然地大于LLL（综合性盈余质量低的组合）的1.552和44.6%。在年度回归分析中，HHH的股价—盈余倍数和股价解释力分别为4.639和59.7%（在1%的水平上显著）、LLL的股价—盈余倍数和股价解释力的平均值分别为1.389和57.4%（在1%的水平上显著），HHH的数值显然大于LLL。为了进一步验证HHH与LLL的这些差异，进行了Behrens-Fisher验证，结果显示两个组合的股价—盈余倍数差额和股价解释力差额（3.268和9.9%）在1%的水平上显著，并且出现这种差异的可能性分别为100%和93.3%。因此假设1被舍弃（reject）①。

### 5.4.3　会计信息质量特征间的相对重要性检验

为了验证会计信息质量特征构成要素间相对重要性的假设，利用模型A对第二种企业组合方式中的HL和LH分别进行总体回归分析和年度回归分析。例如，为了比较因子1（FAC_1）和因子2（FAC_2），选择FAC_1高、FAC_2低的HL_12和FAC_1低、FAC_2高的LH_12分别验证模型A，并且比较其结果。同样的方法比较HL_12和LH_12，HL_13和LH_13，HL_14和LH_14，HL_23和LH_23，HL_24和LH_24以及HL_34和LH_34，完成会计信息质量特征构成要素间相对重要性的比较。表5-18～表5-23为利用以上方法分析的结果。

① 基于两个因子的盈余质量高的HH企业组合和盈余质量低的LL企业组合的回归分析中得出的结果也基本一致，视假设1被舍弃。

**表 5-18　　会计信息质量特征间相对重要性的比较（因子 1，2）**

$$Price_{i,t} = \delta_0 + \delta_1 BVE_{i,t} + \delta_2 EPS_{i,t} + \delta_3 (EPS_{i,t} * Growth_{i,t}) + \delta_4 (EPS_{i,t} * DE_{i,t}) + \delta_5 (EPS_{i,t} * EVAR_{i,t}) + \psi_{i,t} \quad (A)$$

| | HL_12 组合 | | LH_12 组合 | |
|---|---|---|---|---|
| 分析 | 总体回归分析 | 年度回归分析 | 总体回归分析 | 年度回归分析 |
| 常数 | 7.911 *** | 8.979 *** | 7.084 *** | 6.163 *** |
| $BVE_t$ | 0.301 *** | 0.304 *** | 0.288 *** | 0.300 *** |
| $EPS_t$ | 1.987 *** | 2.028 *** | 2.455 *** | 3.151 *** |
| $EPS_t * Growth_t$ | 1.122 *** | 2.723 ** | 1.410 *** | -1.243 |
| $EPS_t * DE_t$ | -0.015 ** | 0.079 | 0.068 ** | 0.091 |
| $EPS_t * EVAR_t$ | -0.000 | 0.000 | -0.000 | 0.001 |
| $N$ | 2,224 | 18 | 2,224 | 18 |
| $AdjR^2$ | 43.5% | 54.1% | 46.9% | 59.3% |
| F-value | 344.217 | | 394.111 | |

Behrens-Fisher test

| 检验 | 差额 | 标准差 | Probability | |
|---|---|---|---|---|
| | | | “>0” | “<0” |
| $EPS_{HL\_12} > EPS_{LH\_12}$ | -1.111 *** | 0.486 | 1.2% | 98.8% |
| $AdjR^2_{HL\_12} > AdjR^2_{LH\_12}$ | -5.0% *** | 0.6% | 19.1% | 80.9% |

注：1. HL_12 是由因子 1 预测价值因素高、因子 2 确证价值因素低的企业组合，LH_12 是由因子 1 预测价值因素低、因子 2 确证价值因素高的企业组合。

2. ***，** 分别表示在 1%，5% 的水平上显著。

3. “>0” 表明 “$EPS_{HL\_12} - EPS_{LH\_12} > 0$” 或 “$AdjR^2_{HL\_12} - AdjR^2_{LH\_12} > 0$”，“<0” 表明 “$EPS_{HL\_12} - EPS_{LH\_12} < 0$” 或 “$AdjR^2_{HL\_12} - AdjR^2_{LH\_12} < 0$”。

表 5-18 为比较 *HL_12* 和 *LH_12* 股价—盈余倍数和股价解释力的结果。表中可见，在 *HL_12* 的总体回归分析和年度回归分析中，股价—盈余倍数分别为 1.987 和 2.028（在 1% 的水平上显著）、股价解释力分别为 43.5% 和 54.1%（在 1% 的水平上显著）。*LH_12* 的总体回归分析和年度回归分析结果为，股价—盈余倍数分别是 2.455 和 3.151（在 1% 的水平上显著）、股价解释力分别是 46.9% 和 59.3%（在 1% 的水平上

显著)，显然 $LH\_12$ 的数值大于 $HL\_12$。为了进一步验证 $HL\_12$ 和 $LH_12$的这些差异，进行了 *Behrens - Fisher* 验证，结果显示两个组合的股价—盈余倍数差额和股价解释力差额（-1.111 和 -5.0%）在1%的水平上显著。基于因子1（*FAC_1*）和因子2（*FAC_2*）的相对重要性比较验证结果中可以看出，投资者在决策过程中因子2（*FAC_2*）的重要性高于因子1（*FAC_1*），即确证价值的重要性大于预测价值。

**表 5-19　会计信息质量特征间相对重要性的比较（因子1，3）**

$$Price_{i,t} = \delta_0 + \delta_1 BVE_{i,t} + \delta_2 EPS_{i,t} + \delta_3 (EPS_{i,t} * Growth_{i,t}) + \delta_4 (EPS_{i,t} * DE_{i,t}) + \delta_5 (EPS_{i,t} * EVAR_{i,t}) + \psi_{i,t} \quad (A)$$

| | HL_13 组合 | | LH_13 组合 | |
|---|---|---|---|---|
| 分析 | 总体回归分析 | 年度回归分析 | 总体回归分析 | 年度回归分析 |
| 常数 | 8.286 *** | 8.847 *** | 7.096 *** | 5.740 *** |
| $BVE_t$ | 0.296 *** | 0.321 *** | 0.294 *** | 0.302 *** |
| $EPS_t$ | 1.636 *** | 1.783 *** | 2.324 *** | 2.791 *** |
| $EPS_t * Growth_t$ | 0.699 *** | 2.846 *** | 1.410 | 1.119 |
| $EPS_t * DE_t$ | -0.012 | 0.210 | -0.0420 | 0.491 * |
| $EPS_t * EVAR_t$ | -0.000 | 0.000 | -0.000 | -0.004 |
| $N$ | 1,666 | 18 | 1,666 | 18 |
| $AdjR^2$ | 40.4% | 54.0% | 45.2% | 59.1% |
| *F-value* | 226.714 | | 275.154 | |

Behrens-Fisher test

| 检验 | 差额 | 标准差 | Probability | |
|---|---|---|---|---|
| | | | ">0" | "<0" |
| $EPS_{HL\_13} > EPS_{LH\_13}$ | -1.014 *** | 0.670 | 5.9% | 94.1% |
| $AdjR^2_{HL\_13} > AdjR^2_{LH\_13}$ | -5.0% *** | 0.067 | 22.7% | 77.3% |

注：1. HL_13 是由因子 1 预测价值要素高、因子 3 完整性和无差错要素低的企业组合，LH_13 是由因子 1 预测价值要素低、因子 3 完整性和无差错要素高的企业组合。

2. ***，* 分别表示在 1%，10% 的水平上显著。

3. ">0" 表明 "$EPS_{HL\_13} - EPS_{LH\_13} > 0$" 或 "$AdjR^2_{HL\_13} - AdjR^2_{LH\_13} > 0$"，"<0" 表明 "$EPS_{HL\_13} - EPS_{LH\_13} < 0$" 或 "$AdjR^2_{HL\_13} - AdjR^2_{LH\_13} < 0$"。

表5－19表示比较因子1（FAC_1）预测价值要素高、因子3（FAC_3）完整性和无差错要素低的企业组合HL_13和因子1（FAC_1）预测价值要素低、因子3（FAC_3）完整性和无差错要素高的企业组合LH_13的股价—盈余倍数和股价解释力的结果。表中可见，在HL_13的总体回归分析和年度回归分析中，股价—盈余倍数分别为1.636和1.783（在1%的水平上显著）、股价解释力分别为40.4%和54.0%（在1%的水平上显著）。LH_13的总体回归分析和年度回归分析结果为，股价—盈余倍数分别是2.324和2.791（在1%的水平上显著）、股价解释力分别是45.2%和59.1%（在1%的水平上显著），显然LH_13的数值大于HL_13。为了验证HL_13和LH_13的这些差异，进行了Behrens－Fisher验证，结果显示两个组合的股价—盈余倍数差额和股价解释力差额（－1.014和－5.0%）在1%的水平上显著。因子1（FAC_1）和因子3（FAC_3）的相对重要性比较验证结果显示因子3（FAC_3）的重要性高于因子1（FAC_1），即完整性和无差错要素的重要性大于预测价值。

**表5－20　会计信息质量特征间相对重要性的比较（因子1，4）**

$$Price_{i,t} = \delta_0 + \delta_1 BVE_{i,t} + \delta_2 EPS_{i,t} + \delta_3 (EPS_{i,t} * Growth_{i,t}) + \delta_4 (EPS_{i,t} * DE_{i,t}) + \delta_5 (EPS_{i,t} * EVAR_{i,t}) + \psi_{i,t} \quad (A)$$

| | HL_14 组合 | | LH_14 组合 | |
|---|---|---|---|---|
| 分析 | 总体回归分析 | 年度回归分析 | 总体回归分析 | 年度回归分析 |
| 常数 | 8.210*** | 8.319*** | 5.098*** | 3.832** |
| $BVE_t$ | 0.226*** | 0.1884** | 0.406*** | 0.382*** |
| $EPS_t$ | 2.567*** | 5.734** | 1.300*** | 1.555*** |
| $EPS_t * Growth_t$ | -2.989** | -6.526 | 0.914*** | 11.119** |
| $EPS_t * DE_t$ | 0.797*** | -0.115 | -0.0016 | 0.317 |
| $EPS_t * EVAR_t$ | -0.000 | -0.091 | -0.000* | -0.049 |
| $N$ | 377 | 18 | 377 | 18 |
| $AdjR^2$ | 44.4% | 59.1% | 45.4% | 72.4% |
| $F$-value | 61.158 | | 63.610 | |

续表

| Behrens-Fisher test | | | | |
|---|---|---|---|---|
| 检验 | 差额 | 标准差 | Probability | |
| | | | “>0” | “<0” |
| $EPS_{HL\_14} > EPS_{LH\_14}$ | 2.770*** | 2.146 | 90.4% | 9.6% |
| $AdjR^2_{HL\_14} > AdjR^2_{LH\_14}$ | -9.3%*** | 8.8% | 14.4% | 85.6% |

注：1. HL_14 是由因子 1 预测价值要素高、因子 4 中立性要素低的企业组合，LH_14 是由因子 1 预测价值要素低、因子 4 中立性要素高的企业组合。

2. ***，**，*分别表示在 1%，5%，10% 的水平上显著。

3. “>0” 表明 “$EPS_{HL\_14} - EPS_{LH\_14} > 0$” 或 “$AdjR^2_{HL\_14} - AdjR^2_{LH\_14} > 0$”，“<0” 表明 “$EPS_{HL\_14} - EPS_{LH\_14} < 0$” 或 “$AdjR^2_{HL\_14} - AdjR^2_{LH\_14} < 0$”。

表 5-20 说明因子 1（FAC_1）预测价值因素高、因子 4（FAC_4）中立性要素低的企业组合 HL_14 和因子 1（FAC_1）预测价值因素低、因子 4（FAC_4）中立性要素高的企业组合 LH_14 的股价—盈余倍数和股价解释力的比较结果。表中可见，在 HL_14 的总体回归分析和年度回归分析中，股价—盈余倍数分别为 2.567 和 5.743（分别在 1%、5% 的水平上显著）、股价解释力分别为 44.4% 和 59.1%（在 1% 的水平上显著）。LH_14 的总体回归分析和年度回归分析结果为，股价—盈余倍数分别是 1.300 和 1.555（在 1% 的水平上显著）、股价解释力分别是 45.4% 和 72.4%（在 1% 的水平上显著），显然 LH_14 的数值大于 HL_14。为了验证 HL_14 和 LH_14 的差异，进行了 Behrens-Fisher 验证，结果显示两个组合的股价—盈余倍数差额和股价解释力差额（2.770 和 -9.3%）均在 1% 的水平上显著。根据因子 1（FAC_1）和因子 4（FAC_4）的相对重要性比较验证结果，可以看出因子 1（FAC_1）的重要性高于因子 4（FAC_4），即预测价值要素的重要性大于中立性。

表 5-21　会计信息质量特征间相对重要性的比较（因子 2，3）

$$Price_{i,t} = \delta_0 + \delta_1 BVE_{i,t} + \delta_2 EPS_{i,t} + \delta_3 (EPS_{i,t} * Growth_{i,t}) + \delta_4 (EPS_{i,t} * DE_{i,t}) + \delta_5 (EPS_{i,t} * EVAR_{i,t}) + \psi_{i,t} \quad (A)$$

| | HL_23 组合 | | LH_23 组合 | |
|---|---|---|---|---|
| 分析 | 总体回归分析 | 年度回归分析 | 总体回归分析 | 年度回归分析 |
| 常数 | 6.992 *** | 6.204 *** | 6.744 *** | 6.367 *** |
| $BVE_t$ | 0.327 *** | 0.345 *** | 0.305 *** | 0.289 *** |
| $EPS_t$ | 1.917 | 2.048 *** | 2.626 *** | 3.928 *** |
| $EPS_t * Growth_t$ | 0.940 *** | 1.369 | 1.500 *** | -0.578 |
| $EPS_t * DE_t$ | 0.050 | 0.050 | -0.056 *** | -0.036 * |
| $EPS_t * EVAR_t$ | -0.000 *** | 0.005 | -0.000 | -0.578 |
| $N$ | 975 | 18 | 975 | 18 |
| $AdjR^2$ | 47.6% | 59.0% | 49.0% | 66.5% |
| $F$-value | 178.305 | | 188.355 | |

Behrens-Fisher test

| 检验 | 差额 | 标准差 | Probability | |
|---|---|---|---|---|
| | | | “>0” | “<0” |
| $EPS_{HL\_23} > EPS_{LH\_23}$ | -1.873 *** | 0.805 | 1.3% | 98.7% |
| $AdjR^2_{HL\_23} > AdjR^2_{LH\_23}$ | -7.4% *** | 8.2% | 18.7% | 81.3% |

注：1. HL_23 是由因子 2 确证价值要素高、因子 3 完整性和无差错要素低的企业组合，LH_23 是由因子 2 确证价值要素低、因子 3 完整性和无差错要素高的企业组合。

2. ***，* 分别表示在 1%，10% 的水平上显著。

3. “>0”表明“$EPS_{HL\_23} - EPS_{LH\_23} > 0$”或“$AdjR^2_{HL\_23} - AdjR^2_{LH\_23} > 0$”，“<0”表明“$EPS_{HL\_23} - EPS_{LH\_23} < 0$”或“$AdjR^2_{HL\_23} - AdjR^2_{LH\_23} < 0$”。

表 5-21 说明因子 2（FAC_2）确证价值要素高、因子 3（FAC_3）完整性和无差错要素低的企业组合 HL_23 和因子 2（FAC_2）确证价值要素低、因子 3（FAC_3）完整性和无差错要素高的企业组合 LH_23 的股价—盈余倍数和股价解释力的比较结果。表中可见，在 HL_23 的总体回归分析和年度回归分析中，股价—盈余倍数分别为 1.917 和 2.048，股价解释力分别为 47.6% 和 59.0%，除了总体回归分析中的股价—盈余倍数之外均是在 1% 的水平上显著。LH_23 的总体回归分析和年度回

归分析结果为，股价—盈余倍数分别是2.626和3.928，股价解释力分别是49.0%和66.5%，且均在1%的水平上显著。为了验证HL_23和LH_23的差异，进行了Behrens－Fisher验证，结果显示两个组合的股价—盈余倍数差额和股价解释力差额分别为－1.873和－7.4%，且在1%的水平上显著。通过上面的比较分析可以看出因子3（FAC_3）的重要性高于因子2（FAC_2），即完整性和无差错要素的重要性大于确证价值，且可以判断投资者在决策过程中更看重完整性和无差错要素。

**表5－22　会计信息质量特征间相对重要性的比较（因子2，4）**

$$Price_{i,t} = \delta_0 + \delta_1 BVE_{i,t} + \delta_2 EPS_{i,t} + \delta_3 (EPS_{i,t} * Growth_{i,t}) + \delta_4 (EPS_{i,t} * DE_{i,t}) + \delta_5 (EPS_{i,t} * EVAR_{i,t}) + \psi_{i,t} \quad (A)$$

| | HL_24 组合 | | LH_24 组合 | |
|---|---|---|---|---|
| 分析 | 总体回归分析 | 年度回归分析 | 总体回归分析 | 年度回归分析 |
| 常数 | 7.298*** | 6.563*** | 7.457*** | 7.850*** |
| $BVE_t$ | 0.276*** | 0.283*** | 0.322*** | 0.357*** |
| $EPS_t$ | 2.517*** | 2.942*** | 1.829*** | 1.632*** |
| $EPS_t * Growth_t$ | 1.130*** | 0.511 | 0.827*** | 2.492** |
| $EPS_t * DE_t$ | 0.068** | 0.065 | －0.005** | 0.146 |
| $EPS_t * EVAR_t$ | －0.000*** | 0.001 | －0.000*** | －0.000 |
| $N$ | 2,425 | | 2,425 | |
| $AdjR^2$ | 47.7% | 57.4% | 44.6% | 54.6% |
| $F$-$value$ | 443.573 | | 390.803 | |

Behrens-Fisher test

| 检验 | 差额 | 标准差 | Probability | |
|---|---|---|---|---|
| | | | “>0” | “<0” |
| $EPS_{HL\_24} > EPS_{LH\_24}$ | 1.299*** | 0.453 | 99.6% | 0.4% |
| $AdjR^2_{HL\_24} > AdjR^2_{LH\_24}$ | 2.8%*** | 6.1% | 68.7% | 31.3% |

注：1. HL_24是由因子2确证价值要素高、因子4中立性要素低的企业组合，LH_24是由因子2预测价值要素低、因子4中立性要素高的企业组合。

2. ***，**分别表示在1%，5%的水平上显著。

3. “>0”表明“$EPS_{HL\_24} - EPS_{LH\_24} > 0$”或“$AdjR^2_{HL\_24} - AdjR^2_{LH\_24} > 0$”，“<0”表明“$EPS_{HL\_24} - EPS_{LH\_24} < 0$”或“$AdjR^2_{HL\_24} - AdjR^2_{LH\_24} < 0$”。

表5－22说明因子2（FAC_2）确证价值要素高、因子4（FAC_4）中立性要素低的企业组合HL_24和因子2（FAC_2）确证价值要素低、因子4（FAC_4）中立性要素高的企业组合LH_24的股价—盈余倍数和股价解释力的比较结果。表中可见，在HL_24的总体回归分析和年度回归分析中，股价—盈余倍数分别为2.517和2.942，股价解释力分别为47.7%和57.4%，且均在1%的水平上显著。LH_24的总体回归分析和年度回归分析结果为，股价—盈余倍数分别是1.829和1.632，股价解释力分别是44.6%和54.6%，且均在1%的水平上显著。为了验证HL_24和LH_24的差异，进行了Behrens－Fisher验证，结果显示两个组合的股价—盈余倍数差额和股价解释力差额分别为1.299和2.8%，也都在1%的水平上显著。通过比较分析可以看出因子2（FAC_2）的重要性高于因子4（FAC_4），即确证价值的重要性大于中立性要素，且可以判断投资者在决策过程中更看重确证价值。

**表5－23　会计信息质量特征间相对重要性的比较（因子3，4）**

$$Price_{i,t} = \delta_0 + \delta_1 BVE_{i,t} + \delta_2 EPS_{i,t} + \delta_3 (EPS_{i,t} * Growth_{i,t}) + \delta_4 (EPS_{i,t} * DE_{i,t}) + \delta_5 (EPS_{i,t} * EVAR_{i,t}) + \psi_{i,t} \quad (A)$$

| | HL_34组合 | | LH_34组合 | |
|---|---|---|---|---|
| 分析 | 总体回归分析 | 年度回归分析 | 总体回归分析 | 年度回归分析 |
| 常数 | 7.959*** | 5.761*** | 8.102*** | 7.466*** |
| $BVE_t$ | 0.230*** | 0.274*** | 0.300*** | 0.406*** |
| $EPS_t$ | 3.186*** | 3.205*** | 1.574*** | 1.437*** |
| $EPS_t * Growth_t$ | 0.464 | －0.456 | 0.709*** | 2.495** |
| $EPS_t * DE_t$ | －0.116* | 0.422* | －0.004 | 0.414 |
| $EPS_t * EVAR_t$ | －0.000 | －0.001 | －0.000*** | －0.000 |
| $N$ | 1,576 | 18 | 1,576 | 18 |
| $AdjR^2$ | 45.2% | 59.7% | 40.11% | 55.2% |
| $F$-value | 260.444 | | 211.921 | |

续表

| Behrens-Fisher test | | | | |
|---|---|---|---|---|
| 检验 | 差额 | 标准差 | Probability | |
| | | | “ >0” | “ <0” |
| $EPS_{HL\_34} > EPS_{LH\_34}$ | 1.777 *** | 0.697 | 99.4% | 0.6% |
| $AdjR^2_{HL\_34} > AdjR^2_{LH\_34}$ | 4.6% *** | 6.3% | 76.9% | 23.13% |

注：1. HL_34 是由因子 3 完整性和无差错要素高、因子 4 中立性要素低的企业组合，LH_34是由因子 3 完整性和无差错要素低、因子 4 中立性要素高的企业组合。

2. ***，**，* 分别表示在 1%，5%，10% 的水平上显著。

3. “ >0” 表明 “$EPS_{HL\_34} - EPS_{LH\_34} > 0$” 或 “$AdjR^2_{HL\_34} - AdjR^2_{LH\_34} > 0$”，“ <0” 表明 “$EPS_{HL\_34} - EPS_{LH\_34} < 0$” 或 “$AdjR^2_{HL\_34} - AdjR^2_{LH\_34} < 0$”。

表 5 -23 说明因子 3（FAC_3）完整性和无差错要素高、因子 4（FAC_4）中立性要素低的企业组合 HL_34 和因子 3（FAC_3）完整性和无差错要素低、因子 4（FAC_4）中立性要素高的企业组合 LH_34 的股价—盈余倍数和股价解释力的比较结果。如表中所示，在 HL_34 的总体回归分析和年度回归分析中，股价—盈余倍数分别为 3.186 和 3.205（分别在 1%、5% 的水平上显著），股价解释力分别为 45.2% 和 59.7%，且均在 1% 的水平上显著。LH_34 的总体回归分析和年度回归分析结果为，股价—盈余倍数分别是 1.574 和 1.437，股价解释力分别是 40.11% 和 55.2%，且均在 1% 的水平上显著，显然 HL_34 的数值大于 LH_34。验证 HL_34 和 LH_34 的差异的 Behrens - Fisher 验证结果显示两个组合的股价—盈余倍数差额和股价解释力差额，即 2.770 和 -9.3% 均在 1% 的水平上显著。根据因子 3（FAC_3）和因子 4（FAC_4）的相对重要性比较验证，可以看出因子 3（FAC_3）的重要性高于因子 4（FAC_4），即完整性和无差错要素的重要性大于中立性要素。

综合上述，为了验证会计信息质量特征构成要素间相对重要性的假设，利用第二种企业组合方式中的 HL 和 LH 组合，比较分析了两个组合的股价—盈余倍数和股价解释力。分析结果说明：（1）会计信息质量特征构成要素间的相对重要性存在差异，因此假设2被舍弃；（2）会计信息质量特征构成要素间相对重要性的依次顺序为完整性和无差错因素（FAC_3）、确证价值（FAC_2）、预测价值（FAC_1）和中立性因素（FAC_4）。

## 5.5 结论

本书主要以IASB和FASB联合概念框架中提出的，决策有用的会计信息所应具备的会计信息基本质量特征为理论基础，建立反映会计信息质量特征的盈余质量计量指标。同时利用价值相关性研究方法验证该指标是否反映投资者决策有用性，进一步探讨了会计信息质量特征以及质量特征具体构成要素对投资者决策有用性的影响是否存在差异。

为此，首先汇总了相关研究中已被验证过的13个个别盈余质量指标，再以1982～2012年韩国证券交易所上市公司为样本，利用横截面数据和时间序列数据得出个别盈余质量指标，并且通过主成分因子分析获得了4个因子，并且发现这4个因子与概念框架中基本质量特征的具体构成要素，即相关性的预测价值、确证价值和如实反映的完整性和无差错、中立性相符。其次，基于因子分析中的4个因子的因子分数，组成不同的企业组合，利用价值相关性模型验证了这些不同企业组合中的投资者决策有用性。结果显示盈余质量高的企业组合的股价—盈余倍数和股价解释力明显大于盈余质量低的企业组合的股价—盈余倍数和股价解释力，进而验证了盈余质量指标体系的有效性。最后，对基本质量特征的具体构成要素的相对重要性比较中，无差错、完整性和确定价值比预测价值和中立性高，但是在预测价值和中立性的相对性分析中没有得出任何依据。相对重要性的依次顺序是完整性和无差错因素、确证价值、预测价值和中立性因素。

# 第6章

# 我国会计信息质量特征及其体系

会计信息是决策者进行决策的重要依据之一，会计信息质量特征直接影响到经济决策的正确与否。本章介绍了我国会计信息质量特征的内涵及其体系，并结合IASB和FASB联合概念框架下的会计信息质量特征体系，与我国的质量特征的实际情况进行对比分析，找出我国会计信息质量特征体系的缺点，对如何构建我国会计信息质量特征体系提出相关建议。

## 6.1 我国会计信息质量特征的内涵

我国目前没有专门的“概念公告”类型文件，尚未制定总体的财务会计概念框架，但是《企业会计准则——基本准则（2006）》基本上扮演着“概念公告”的角色。对于我国会计质量特征的问题，会计学界存在不同的见解。葛家澍教授认为，“可以把财务报告的信息质量特征分为两大类：一类是财务报告内容的质量；另一类是财务报告表述和在其他财务报告中披露的质量”。蒋尧明教授则提出，我国的会计信息质量特征应包括三个层次：第一层次是有用性，是最重要的特征；第二层次是主要的质量特征，包括相关性、可靠性、可比性和可理解性；第三层次是限制性和辅助性质量特征。

我国财政部2006年2月修订颁布的《企业会计准则——基本准则(2006)》第2章第12条至第19条阐述了八项企业会计信息质量要求①。

（1）真实性（客观性）或可靠性。第十二条规定："企业应当以实际发生的交易或者事项为依据进行会计确认、计量和报告，如实反映符合确认和计量要求的各项会计要素及其他相关信息，保证会计信息真实可靠、内容完整。"

（2）相关性。第十三条规定："企业提供的会计信息应当与财务会计报告使用者的经济决策需要相关，有助于财务会计报告使用者对企业过去、现在或者未来的情况作出评价或者预测。"

（3）可比性（一致性）。第十五条规定："企业提供的会计信息应当具有可比性。"同一企业不同时期发生的相同或者相似的交易或者事项，应当采用一致的会计政策，不得随意变更。确需变更的，应当在附注中说明。不同企业发生的相同或者相似的交易或者事项，应当采用规定的会计政策，确保会计信息口径一致、相互可比。

（4）及时性。第十九条规定："企业对于已经发生的交易或者事项，应当及时进行会计确认、计量和报告，不得提前或者延后。"

（5）明晰性或可理解性。第十四条规定："企业提供的会计信息应当清晰明了，便于财务会计报告使用者理解和使用。"

（6）谨慎原则。第十八条规定："企业对交易或者事项进行会计确认、计量和报告应当保持应有的谨慎，不应高估资产或者收益、低估负债或者费用。"

（7）完整性以及重要性。第十七条规定："企业提供的会计信息应当反映与企业财务状况、经营成果和现金流量等有关的所有重要交易或者事项。"

财政部《2010企业会计准则讲解》中认为，可靠性、相关性、可

① 中华人民共和国财政部．企业会计准则［M］．北京：经济科学出版社，2006.2.

理解性和可比性是会计信息的首要质量要求，是企业财务报告中所提供会计信息应具备的基本质量特征；实质重于形式、重要性、谨慎性和及时性是会计信息的次级质量要求，是对可靠性、相关性、可理解性和可比性等首要质量要求的补充和完善，尤其是在对某些特殊交易或者事项进行处理时，需要根据这些质量要求来把握其会计处理原则，另外，及时性还是会计信息相关性和可靠性的制约因素，企业需要在相关性和可靠性之间寻求一种平衡，以确定信息及时披露的时间。会计信息必须具备基本特征才能为决策者所用，它反映了会计信息的本质要求。会计信息的其他特征是对会计信息更高层次的要求，反映会计信息应该被使用者所理解，对不确定事项应持谨慎态度，并对重要事项及其经济实质进行充分披露的要求。

总之，我国现行的会计信息的质量特征包括，可靠性、相关性、可理解性、可比性、实质重于形式、重要性、谨慎性和及时性八个内容。根据会计信息的有用性可以将其特征分为两个层次：首要特征和次级特征，两者相辅相成，共同为会计信息的决策有用性服务。我国的会计信息的质量要求首要的是真实性或客观性，即可靠性，其次才是相关性，再次才是可比性以及一致性，最后是及时性、可理解性等。可靠性无疑是财务会计的灵魂，把可靠性的要求列在首位符合我国的实际情况，只有在真实性的前提下才谈得上相关性。

## 6.2 我国会计信息质量特征的发展现状及其解析

### 6.2.1 我国会计信息质量特征的发展现状

目前，我国尚未出台一套完整的有关会计信息质量特征的准则，主要是在有关会计法律和法规中阐述会计信息质量特征，对该问题一直保持着比较关注的态度。我国在 1985 年第一部《会计法》中就提出了“保证会计资料合法、真实、准确、完整”的法律要求。我国于 1992 年颁布的首部《企业会计准则——基本准则》中，提出会计核算要遵循真实性、相关性、可比性、一致性、及时性、可理解性、权责发生制、配比、谨慎性、历史成本计量、划分资本性支出与收益性支出、全面性、重要性等十三项一般原则，只做到粗略的涉及此方面的内容，没有特别指明会计信息质量特征。2000 年 7 月开始实施的《会计法》第三条中只是提到“各单位必须依法设置会计账簿，并保证其真实、完整”。

2000 年颁布的《企业会计制度》中，在会计假设的基础上，其较为详细地列明了真实性、实质重于形式、相关性、一致性、可比性、及时性、清晰性、权责发生制、配比、历史成本计量、划分收益性支出和资本性支出、谨慎性、重要性等十三项可能对会计信息质量产生影响的会计核算基本原则。1992 年《企业会计制度》中，对于会计信息质量特征的提法是“会计核算的一般原则”，2000 年《企业会计制度》中，对于会计信息质量特征的提法是“会计核算的基本原则”，都是十三项规定，差别是一个有“可理解性”（1992），一个有“清晰性”（2000）。这两项制度对于会计信息质量特征的研究比较粗糙，而且前后两个制度基本没有变化。

2006 年发布的《企业会计准则——基本准则》删除了“会计核算的一般原则”或“会计核算的基本原则”，在明确了“决策有用观”的财务报告目标的基础上，采用了“会计信息质量要求”的提法，提到了可靠性、相关性、可理解性、可比性、实质重于形式、重要性、谨慎性和及时性等八个会计信息质量要求，首次明确使用了“会计信息质量要求”。但是，我国的会计信息质量特征只是进行了较为简单的平行罗列，要求各项目之间是并列关系，并没有形成完善的逻辑结构体系。

### 6.2.2　我国会计信息质量特征解析

#### 6.2.2.1　企业会计信息质量特征架构模型的“门槛”层次

企业会计信息质量特征架构模型的“门槛”层次涉及两项会计信息质量特征：实质重于形式和重要性。

（1）实质重于形式。实质重于形式原则在我国会计实务中应用非常广泛。这里的“形式”是指交易或事项的法律形式，“实质”是指交易或事项的经济实质。《企业会计准则——基本准则》第十六条规定：“企业应当按照交易或者事项的经济实质进行会计确认、计量和报告，不应仅以交易或者事项的法律形式为依据。”当企业发生的交易或事项的经济实质与法律形式不一致时，企业通常应当按照经济实质对其所发生的交易或事项进行会计确认、计量和报告。

（2）重要性。会计信息的重要性是指当一项会计信息被遗漏或错误地表达时，可能会影响到依靠该信息的使用者所做出的判断。《企业会计准则——基本准则》第十七条规定：“企业提供的会计信息应当反映与企业财务状况、经营成果和现金流量等有关的所有重要交易或者事项。”

#### 6.2.2.2　决策者角度的企业会计信息质量特征

决策者角度的五项会计信息质量特征中，及时性附属于相关性，谨慎性附属于可靠性，相关性和可靠性是会计信息质量的主要特征，可比性是弱于相关性和可靠性的会计信息质量特征，与相关性和可靠性共同确保会计信息的决策有用性。

（1）相关性与及时性。如果财务信息有助于决策制定，该财务信息就具有相关性。IASB 对相关性的定义是：“为了信息有用，信息必须与使用者的决策需要相关，当信息能够通过帮助使用者评价过去、现在和未来事项或确认、更改他们过去的评价从而影响到使用者的经济决策时，信息就具有相关性。”我国《企业会计准则——基本准则》第十三条规定：“企业提供的会计信息应当与财务会计报告使用者的经济决策需要相关，有助于财务会计报告使用者对企业过去、现在或者未来的情况作出评价或者预测。”通过提高决策者的预测能力或者通过为前期的预测提供反馈，财务信息对决策的制定产生影响。及时性是相关性的附属特征，是相关性的次级质量要求。《企业会计准则——基本准则》第十九条规定：“企业对于已经发生的交易或者事项，应当及时进行会计确认、计量和报告，不得提前或者延后。”财务信息必须在报告事件发生后不久就可以获得，这样才会对未来所采取的措施具有价值。及时本身并不能使信息具有相关性，但缺乏及时性的信息会使该财务信息丧失应有的相关性。

（2）可靠性与谨慎性。如果财务信息可以证实、没有错误和偏差，可以真实地反映企业的财务状况，就可以说财务信息具有可靠性。国际会计准则委员会（IASB）对可靠性的表述是：“当信息没有重要错误或偏向并且能够忠实反映其所拟反映或理当反映的情况以供使用者作依据时，信息就具备了可靠性”。我国《企业会计准则——基本准则》第十二条规定：“企业应当以实际发生的交易或者事项为依据进行会计确认、计量和报告，如实反映符合确认和计量要求的各项会计要素及其他相关信息，保证会计信息真实可靠、内容完整。”会计信息可靠性的表现之一是使用相同度量方法所得出的独立结果与财务报表信息之间具有很大程度的一致。谨慎性是可靠性的附属特征，谨慎性是指会计人员对某些经济业务或会计事项存在不同的会计处理方法时，尽可能地选择一种不虚增利润和资产、合理核算可能发生的损失和费用的会计处理方法。因此，谨慎性更像是会计人员在处理相关业务时的一种职业态度。《企业会计准则——基本准则》第十八条规定：“企业对交易或者事项进行会计确认、计量和报告应当保持应有的谨慎，不应高估资产或者收益、低估负债或者费用。”

（3）可比性。会计信息如果可以与该公司以前相同口径的信息进行比较，或者与同行业的其他公司的会计信息进行比较，那么这些会计信息在决策时就会很有用。《企业会计准则——基本准则》第十五条规定："企业提供的会计信息应当具有可比性。同一企业不同时期发生的相同或者相似的交易或者事项，应当采用一致的会计政策，不得随意变更。确需变更的，应当在附注中说明。不同企业发生的相同或者相似的交易或者事项，应当采用规定的会计政策，确保会计信息口径一致、相互可比。"

（4）相关性与可靠性的关系。相关性与可靠性孰轻孰重是一个两难的问题。FASB 在制定第 2 号概念框架时，就有意回避了"在会计信息的相关性与可靠性产生冲突需要取舍时，到底应该优先考虑相关性还是可靠性"这个问题，这就充分说明相关性与可靠性权衡的两难选择（付六根，2011）。葛家澍、杜兴强（2004）指出，FASB 在第 2 号财务会计概念公告"会计信息的质量特征"中，将相关性与可靠性作为会计信息的两个主要的质量特征来并提，但对两者的抉择讳莫如深。透过现象看本质，FASB 更为侧重于"相关性"的意图其实一直十分明确。葛家澍、徐跃（2006）认为，相关性和可靠性孰轻孰重，若分两个层次来考查，那是非常明确的。第一层次注重相关性，即相关性显得重要；第二层次以相关性为基础，更关注其可靠性，即可靠性显得重要。第一个层次是准则和制度制定的层面，这一层面具体负责的部门是准则和制度的制定部门；第二个层次在报表（包括其他财务报告）的编制者、审计人员和财务报告信息的使用者方面。付六根（2011）认为，相关性和可靠性在大多数情况是一种协调一致的状态，具体表现在：提高了可靠性，也就加强了会计信息的有用性，这样相关性也就得到了提升；提高了相关性，必然要求提高会计信息的可靠性。笔者认为，相关性和可靠性是一个事物的两个方面，依照权变理论的观点，孰轻孰重，并不是一成不变的，要看具体的情境而定。

#### 6.2.2.3　使用者角度的企业会计信息质量特征

可理解性，即会计信息是否能为信息的使用者所理解，是指企业提供会计信息时，必须考虑到会计信息使用者的理解能力，所提供的会计信息必须明晰。《企业会计准则——基本准则》第十四条规定："企业提供的会计信息应当清晰明了，便于财务会计报告使用者理解和使用。”影响会计信息可理解性的因素包括三个方面。

（1）会计信息的固有特征。财务报告本身的复杂性决定了会计信息的使用者对报告的理解存在一定的困难。企业的财务会计信息的披露从最初的简单几句话到后来的财务报表直至发展到今天涉及企业财务、管理、经营风险等各个方面，信息含量不断增加。财务报告既有定性的信息也有定量的信息，既有数字又有文字，越来越复杂的形式和内容都影响着会计信息使用者理解财务报告所传递的会计信息。

（2）信息使用者的理解能力。财务报告的生成过程用到了诸多会计专门方法，如分配、摊销、折旧、减值等，不具备一定会计知识的人很难理解生成会计信息的真正含义。历史成本计量是建立在过去发生的真实交易或事项的基础上，公允价值计量的重要前提是存在假想的交易，在混合计量模式下，信息使用者要能够正确理解采用不同计量属性生成的会计信息的实质并据此作出适当的决策，这对信息使用者的理解能力提出了较高的要求。

（3）企业管理当局的印象管理行为。印象管理来自于社会心理学范畴，是指人们用来控制其他人对自己所形成的印象的过程。财务报告是根据日常会计记录的数据，采用会计专门的方法，经过一定的程序分类、汇总加工而成并报告出来，从会计数据到财务报告这个过程本身就存在理解性的问题。程序和方法的复杂性决定了财务报告本身的复杂和难于理解，如会计的待摊、预提、应计、递延等程序本身都具有一定的专业性，信息使用者并不易理解。而且，会计固有的程序、各种估计和职业判断都依赖于处理会计信息的信息加工者的人为判断和选择，这都决定了会计信息的生成不可避免地带有信息加工者的主观色彩，甚至可以说，信息加工者在会计信息的可理解性上起到了决定性的作用，信息加工者的一系列选择决定了信息使用者获得何种结果的会计信息。

（4）主要质量特征和次要质量特征会计信息质量特征是会计信息所应当达到或满足的基本质量要求。1980 年，FASB 以“决策有用性”

会计目标为导向，发布了第2号财务会计概念公告《会计信息的质量特征》，认为提供会计信息的目的是便于决策，相关性和可靠性则是决策有用性下会计信息的首要质量特征。财政部《2010企业会计准则讲解》中认为，可靠性、相关性、可理解性和可比性是会计信息的首要质量要求，是企业财务报告中所提供会计信息应具备的基本质量特征；实质重于形式、重要性、谨慎性和及时性是会计信息的次级质量要求，是对可靠性、相关性、可理解性和可比性等首要质量要求的补充和完善，尤其是在对某些特殊交易或者事项进行处理时，需要根据这些质量要求来把握其会计处理原则，另外，及时性还是会计信息相关性和可靠性的制约因素，企业需要在相关性和可靠性之间寻求一种平衡，以确定信息及时披露的时间。

## 6.3 我国会计信息质量特征与IASB和FASB的差异

### 6.3.1 相关概念的差异

《基本准则》当中采用了“信息质量要求”一词而不是国际上惯用的“信息质量特征”。这体现了我国对信息质量的一种强制性要求，也体现了我国会计管制和会计准则制定的政府主导以及准则强制性采纳的现状。同时，我国的会计信息质量要求采用法律条纹的形式确立，并且没有确定相应的专业术语，也没有严格的定义。在这样的情况下，对于八项会计信息要求的归纳便有了不止一种，比如第一项要求就有被归纳为可靠性和真实性等多种说法的情况。条纹形式的“信息质量要求”固然是简洁明了，但是却无法真正解释清楚“信息质量”这个相对深奥的会计理论问题。

### 6.3.2 质量特征内容及其层次关系的差异

我国的八项会计信息质量要求之间是并列的，没有程度上的区别。

从严格意义上讲，这样缺乏主次和明确的重要性关系描述存在逻辑混乱。这样简单的罗列和陈述性条文使得各项质量要求之间缺乏联系，自然也很难形成完整的、符合逻辑的系统，也不利于其对准则制定和会计实务的指导。

（1）相关性和可靠性

相关性不可避免地要涉及对许多不确定因素的预测或估计，从而在一定程度上会影响可靠性。同样，为了追求可靠性，可能会使会计信息相关性降低。各国对于相关性和可靠性的先后顺序有着各自的见解。

在 SFAC No. 8 中相关性是先于可靠性的，而我国的目前情况则正好相反，这是由我国的会计环境决定的。

首先，与西方发达国家相比，我国市场经济处于发展期，会计制度有待完善，监管手段与法律制度不够成熟，会计人员整体文化素质不高，部分会计人员不能树立起良好的职业道德。在这种会计环境下，为使会计信息真实、决策有用，会计信息的可靠性便显得尤为重要。

其次，我国实行社会主义市场经济，会计信息的主要使用者与西方发达国家有所不同。编表者、审计师重视可靠性，投资人重视相关性。在我国，会计信息的主要使用者不仅包括投资者、债权人等，政府部门对会计信息也十分重视。政府关注会计信息的出发点并不是决策，而是站在宏观经济管理的角度上优化资源配置，故对信息相关性的要求相对不高。

（2）中立性和谨慎性

SFAC No. 8 提出了中立性，而我国在基本准则中提出了谨慎性。FASB 对中立性是这样定义的，“在执行和制定会计准则时，首先应关注所提供信息的相关性和可靠性，而不是它对特定利益者造成的影响，信息不应当有预定结果的偏向”。简单地说，中立性是指会计信息客观公正。对于会计人员而言，不能为了达到会计目标而将会计信息加以歪曲或选用不恰当的会计原则。

谨慎性是指由于经济环境的不确定性，企业对交易或者事项进行会计确认、计量和报告时应当保持应有的谨慎，不应高估资产或者收益、低估负债或者费用。会计中的坏账准备的计提、固定资产的加速折旧、或有负债的披露都是谨慎性的具体体现。谨慎性是保守主义思想在会计中的一种体现。由于我国会计实务比较保守，为了避免某些企业家过于乐观、粉饰太平，为了债权人可以了解企业资产及收益的真实性、客观地评价债务人的还款能力，因此，我国在信息质量特征中提出了谨慎性原则。

（3）会计目标观点的差异

没有服从“决策有用性”目标。IASB 和 FASB 坚持认为“决策有用性”是财务报告的首要和唯一的目标，并且认为该目标已涵盖“受托责任观”。而我国将“受托责任”和“决策有用”两者共同作为会计目标，并且把“受托责任观”列为首要目标。这样的差异使得财务信息质量特征服务的对象产生了差异，也导致了其本身不可避免的差异。考虑到会计的“决策有用性”目标，联合概念框架在信息质量特征体系中把“相关性”的特征置于“如实反映”之前。因为 IASB 和 FASB 认为，只有相关的信息才可能是有用的，只有在信息相关的基础上，人们才需要将该信息进行加工，使之变为可靠（如实反映），进一步加强信息的决策有用性。而我国把“可靠性”要求置于首条的位置。

## 6.4　构建我国会计信息质量特征体系的新思考

### 6.4.1　我国会计信息质量特征

会计信息作为国际通用商业语言，其真实公允和跨境可比性，对全球经济一体化融合发展起着不可或缺的作用。为此，会计准则的国际趋同化已成为趋势。随着国际会计准则趋同的不断发展，我国于1998 年5 月正式加入国际会计准则委员会（IASC）和国际会计师联合会；2001 年《企业会计制度》正式实施，实现了我国会计制度与国际会计准则的充分协调。我国虽然没有直接应用 IFRS，但于 2007 年 1 月 1 日，我国开始实施《企业会计准则》，实现会计准则与国际会计准则的实质性趋同，实现了中国会计准则与国际会计准则基本趋同的目标。然而，在会计准则国际趋同过程中，我们也不能忽视中国特殊国情对会计信息需求和供给的影响。为此，我们既要适应会计准则国际趋同这一大趋势，同时又要从中国具体国情出发，在发挥 IFRS 积极作用的同时，尽可能抑制其可能带来的消极影响，真正实现 IFRS 为我所用的趋同目的。

目前我国尚未出台一套完整的有关会计信息质量特征的准则，对该问题一直保持着关注的态度。在会计准则国际趋同的大背景下，我国可以对联合概念框架进行一定程度的借鉴，并充分结合国情来构建我国的会计信息质量特征体系，为我国会计的发展起到良好的推动作用。

#### 6.4.1.1 建立层级清晰的财务信息质量特征体系

我国并没有专门的财务会计概念框架，而是在准则中明确了会计信息质量特征。概念框架是准则制定的理论基础，依据资本市场发展的经验来看，概念框架对于准则的制定起到了基础性的作用，并且能够使准则的制定更加独立，降低法律、政治等因素的影响。在国际上，会计信息质量要求是概念框架的一部分，联合概念框架下的质量特征体系对报告主体并没有强制性的约束作用。因此，我国有必要建立自己的财务会计概念框架。概念框架是制定准则的基础，准则是概念框架的具体体现，如果我国的概念框架和国际准则存在差异，那么即使在准则条款上达到国际趋同也只是形式上的趋同，并没有达到实质的趋同。因此，迅速建立国际趋同的财务信息质量特征体系已刻不容缓。

我国采用的“会计信息质量要求”的表达，已经与国际脱轨。如前述及，“财务信息质量特征”的概念在最初提出时被称为“会计信息质量特征”。我国的“会计信息质量要求”本身更注重强制性，不注重可读性和实际的可操作性。不论是联合概念框架、SFAC2 还是 IASB 概念框架，准则制定机构都采用了大篇幅的文字叙述来阐明财务信息质量特征的术语定义、内涵、执行标准、内在联系和逻辑关系，还讨论了各项特征形成的原因，以及对没有被包括的内容的考虑等多方面内容。可见，继续采用目前的平行结构和并列关系进行描述显然已和国际脱轨。质量特征服务于准则制定，为此，信息质量特征体系本身不需要描述性语句或以规定、要求的形式出现，逻辑性强、层级清晰的信息质量特征体系更加有利于准则的制定。

#### 6.4.1.2　服从“决策有用性”会计目标

由于我国在会计目标方面和国际准则制定机构的理念存在差异，我国的会计信息质量特征要求在“可靠性”与“相关性”的权衡问题上和 IASB 的概念框架进行趋同存在一定的难度。我国的财务报告目标是履行受托责任和决策有用性，同时又偏重受托责任。反映到会计信息质量要求上，《基本准则》同时提出了“可靠性”和“相关性”作为第一、第二两项要求，但是又把“可靠性”置于“相关性”之前，可见对“可靠性”更为重视。笔者认为，对于会计信息质量特征本身，应当服从“决策有用性”的会计目标。由于目前会计信息以强制披露为主，公开市场虚假财务信息泛滥，我国应引导财务报告提供者自愿披露财务信息。

#### 6.4.1.3　明确我国会计信息质量特征体系中的约束条件

基于“经济人”假设，只有当一项经济活动的效益大于付出的成本时才会执行。所以只有当会计信息无论对于提供者还是使用者都是效益大于成本时该信息才是有价值的。否则，就会产生负的经济效益。企业在提供财务报表信息时，成本是其必然考虑的因素。

1980 年，FASB 将“成本效益原则”写入其质量特征中，1989 年，IASC 所颁布的框架中也明确指出成本为普遍约束条件。因此，同样“成本效益原则”应作为我国会计信息质量体系中的限制约束条件。

#### 6.4.1.4 对信息质量特征及其表达的逐项梳理

(1) 可靠性

可靠性作为我国信息质量要求中的首要要求，在联合概念框架中被称为“如实反映”，应当予以保留。联合概念框架承认“如实反映”和“可靠性”两个术语所表达的意思没有本质上的区别，但可靠性偏重于“有根据”，而如实反映强调“接近真实情况”。我国在构建财务信息质量特征体系时就该术语的用词进行改动意义不大，主要是对该质量特征的描述需要有所变动调整。

(2) 相关性

我国的《基本准则》和联合概念框架均提到了信息的预测价值和证实价值，两者的差异主要是体现在对“相关性”要求的重视程度上，《基本准则》将“相关性”置于“可靠性”之后，对其重视程度也显然不如“可靠性”。从以上异同的对比可见，“相关性”这一质量特征也应当被保留，且和“可靠性”一样作为信息质量特征的主要组成部分。但是其相比“可靠性”的重要程度应当被进一步探讨，因为质量特征需要服务于设定的会计目标。

(3) 可理解性

联合概念框架把可理解性作为强化信息质量特征之一。可理解是对信息语言文字层次的要求和探讨，这种质量特征并非财务报告信息所特有，属于对所有信息的一种广泛要求。因此，应当降低其重要程度。

(4) 可比性

与“可理解性”类似，联合概念框架对“可比性”的描述与《基本准则》差异不大，主要是在重视程度上的区别。联合概念框架阐述了信息需要可比的原因、表现以及信息一致的要求等内容，而《基本准则》做出了横向可比和纵向可比的要求，操作性不强，准则本身的可读性较差。因此，对该质量特征主要需要进行描述上的完善和重视程度的调整。

（5）实质重于形式

联合概念框架阐释了实质重于形式没有被作为一项信息质量特征的原因：该项特征已经被包括在“如实反映”中，因为如实反映一个经济事项的实质，就必然不能够按照其法律形式进行反映。我国在“可靠性”的描述中没有加入有关如实反映经济事项的表述，所以增加了“实质重于形式”的信息质量要求，在“可靠性”质量要求被改动之前，可以考虑将“实质重于形式”作为“可靠性”的一部分，也可以考虑保留该质量特征。

（6）重要性

《基本准则》强调了所有的“重要”信息，只要是重要的情况就必须反映和披露，从某种程度上讲其实是一种“完整性”的要求。而联合概念框架中的“重要性”被作为相关性的一部分，其所表达的含义是：只有信息是重要的，才有被披露的必要。为此，《基本准则》对“重要性”的描述需要进行适当的修改，消除“完整性”和“重要性”双重特征的弊端，并且将“重要性”相关的质量特征作为“相关性”的一部分，将“完整性”相关的质量特征作为“可靠性”的一部分。

（7）谨慎性

在联合概念框架中，谨慎性已经被剔除出了财务信息质量特征体系，认为该原则给管理层舞弊创造了机会。谨慎和真实可靠存在着天然的矛盾，的确带来了实际操作上的问题。因此，应将“谨慎性”的质量特征剔除出整个信息质量特征体系。

（8）及时性

在联合概念框架中，及时被定义为及时发布的信息能够影响信息使用者的决策。但《基本准则》对“及时”二字没有进行详细的叙述，也没有进行定义，只能由具体准则和相关的法律法规进行规范。此外，相比联合概念框架，《基本准则》没有包括的信息质量特征包括“预测价值”“确证价值”“完整性”“中立性”“避免重大错误”

“可验证性”六项。①“完整性”和“避免重大错误”两项特征与“可靠性”要求表述中的“真实可靠，内容完整”差别不大，且“完整性”的相关含义还在“重要性”的特征中得到了表达。②“预测价值”和“证实价值”两项特征和“相关性”要求中的“对企业过去、现在或者未来的情况做出评价或者预测”意思接近。但是如果我国选择建立信息质量特征体系，形成质量特征的层级，这几项要求就应当作为“可靠性”和“相关性”要求的组成部分和补充要求。③“中立性”是指在财务信息的选择和列报上没有偏见，应该说这并没有被《基本准则》的信息质量要求所采纳，甚至目前的谨慎性要求与中立性是相违背的。在质量特征体系的构建中，我们应当引入这种思路：在财务信息的选择上没有偏见也没有除表达经济现实之外的任何目的。④“可验证性”是指财务信息在不同独立人士的观察下能够得到不一定完全相同但是至少类似的结论，是对“如实反映”的补充。在《基本准则》中同样没有涉及这项特征。如果我们完成信息质量特征体系的建设，可以考虑将这项特征加入体系之中，作为“可靠性”的一部分或者一个补充。

### 6.4.2 我国会计信息质量特征的实施保障

#### 6.4.2.1 加强会计信息披露的透明度

纵观我国近些年出现的财务报告造假案件，我们可以发现一个共同点，那就是企业的财务活动状况通常只有内部使用者能够清楚了解，而外部使用者看到的信息是经过粉饰或者删减后的不完整情况。虽然，各大企业为了更具竞争优势，会对一些核心项目等活动情况有所保留，但是不应该顾此失彼，应该努力寻求两者之间的平衡，既能够被内部管理者所运用，同时又能够使外部使用者真实地了解企业的经营活动情况。所以，政府在会计信息披露与质量管理方面必须加大重视力度，具有针对性地制定相应的法律规章，对国内企业财务报告方面的规范化加强管理，必须对那些信息提供必需性与如何进行处理方面的问题加以明确的规定指出，尽可能地提高信息披露质量，推动会计信息披露透明度的发展。

### 6.4.2.2　创新会计信息质量特征体系

我国现阶段的质量特征体系仍然存在缺陷与不足，缺乏一个完整的体系，主要是因为国内在会计信息质量特征方面都是相互独立的，没有形成一个比较统一的标准化共享化体系，大部分都是能够单独的被理解与认识，不是一个相互关联的整体逻辑。虽然这样的特征分布能够被我们独立的认知，但长此以往将不利于体系的建立，因此，我们需要确定各个特征在体系中的地位和作用，只有这样才能利于使用者在具体的操作过程中做到有据可循，从而做出恰当的判断和正确的预测。

首先会计信息质量特征体系必须建立在有用于决策与重视成本效益的基础上，并以此为创建与完善的根本原则。其次是相关性和可靠性，二者是质量特征的关键，质量的高低在一定范围中由其决定。还有就是其信息的可比性和及时性，这两种特征是可以使得信息质量在被使用过程中具备一定保障性和可靠性的，两者共同发挥作用形成一个相互促进的有机统一体。最后就是指信息质量特征的谨慎性、重要性以及实质重于形式性等，它们往往是被看作一般的行为准则来应用于具体的信息使用中。而可理解性应该作为各个质量特征的基础，在每一个环节尽可能做到可理解，这是目前会计信息越来越被人们认识的关键。总之，每个质量特征体系之间都是具有相互作用的关系，我们应该用发展和联系的观点来看待它们。

### 6.4.2.3　建立会计信息质量特征体系的逻辑结构

逻辑结构具体来说就是一种层次分明，前后具有相互作用关系的一种结构化体系，在具体的信息质量特征间的体现则是指这些所有关联的特征到底是以一种树状结构还是某种线性结构又或是某种网状结构不同形式来呈现的，重点是体现出这些信息质量特征相互间的某种逻辑联系。我国目前没有形成这样的逻辑结构，质量特征还停留在层次不清、重点不明的阶段。

我们可以借鉴美国等西方国家所建立的逻辑结构，从我们的研究情况来看，美国的逻辑结构相对来说运用的比较广泛和科学，并且被其他国家所借鉴。这个逻辑结构可以按照重要程度及相互之间的内在关系进行构建，将相关性和可靠性作为最顶层，可理解性、可比性、可验证性、及时性等设置为底层，构建一个重点鲜明、逻辑清楚的树状逻辑结构图，从而建构一个崭新科学的逻辑结构体系。

# 第7章

# 结　语

## 7.1　研究结论

近年来，在财务会计领域中广泛开展了围绕盈余质量概念验证会计信息有用性的实证研究。目前在会计实证研究中普遍使用的盈余质量指标中具有代表性的有持续性、预测性、应计质量和盈余管理等。但是现行研究中使用的这些盈余质量指标局限于 IASB 和 FASB 联合概念框架中提出的会计信息质量特征的某一方面或某一方面的具体构成要素。

本书考虑到目前研究中普遍使用的多种盈余质量指标不能捕获概念框架中提出的盈余质量的完整的信息内容，通过实证方法验证这些指标是否充分反映联合概念框架中提出的会计信息质量特征，并且实证分析了会计信息质量特征之间及构成质量特征的具体构成要素之间相对重要性的比较。

本书的研究目的是在汇总相关研究中的多种盈余质量指标的基础上，建立更为全面的综合性盈余质量指标，并且验证该指标是否反映投资者决策有用性，同时验证会计信息质量特征以及质量特征具体构成要素对投资者决策有用性的影响是否存在差异。为此，本书对汇总的 13 个盈余质量指标进行了主成分因子分析得出了 4 个因子，并且发现这 4

个因子与概念框架中基本质量特征的具体构成要素，即相关性的预测价值、确证价值和如实反映的完整性和无差错、中立性相符。其次，基于因子分析中的4个因子构成不同的企业组合，利用价值相关性模型验证了这些不同企业组合中的投资者决策有用性。结果显示盈余质量高的企业组合的股价—盈余倍数和股价解释力明显大于盈余质量低的企业组合的股价—盈余倍数和股价解释力。最后，对基本质量特征的四个具体构成要素间的相对重要性进行了比较分析，得出的重要性的依次顺序是完整性和无差错因素、确证价值、预测价值和中立性因素。

至此，本研究首先发挥了连接概念框架中的会计信息质量特征与会计盈余质量相关研究的桥梁作用，增进了相关方面知识的理解。其次，本书在汇总了多种盈余质量指标的基础上提出了全面的综合性盈余质量指标，从决策有用性角度出发验证了该盈余质量指标，进而延伸了盈余质量研究的领域。最后，实证分析了概念框架中会计信息质量特征及其构成要素间的相对重要性，为今后进一步确立质量特征方面提供资料。同时，理解哪些因素影响IFRS的实施，也有助于IASB进一步改进IFRS的制定工作，并且有助于分析师、投资者、债权人和其他财务报表使用者更好地理解并使用会计信息。

## 7.2 研究的局限性和后续研究

盈余质量研究是一个复杂的系统工程，本书对于盈余质量指标体系进行了初步构建，尚有许多不完善的地方有待改进。主要的问题和今后的研究方向归纳如下。

（1）研究内容局限于财务指标的定量分析。本书中的盈余质量指标体系的构成是基于财务报表数据的定量分析，没有考虑到非财务指标的作用。如，高质量会计准则体系、审计报告质量、股利政策等因素也会对盈余质量产生影响。利用上市公司数据进行盈余质量指标体系构建时，采用科学的方法，财务指标与非财务指标相结合，共同对上市公司的盈余质量指标进行分析，更加准确、更加客观地构建盈余质量指标体系。

（2）盈余质量指标体系涉及的方面不够完善，仍需改进。FASB（2010）表明，财务报表可比性有利于会计信息使用者识别经济事项的相似与不同之处，从而提高会计信息有用性。本研究中，构建盈余质量指标体系的理论依据是IASB和FASB联合概念框架中提出的会计信息质量特征的基本质量特征（相关性与如实反映），没能考虑增强相关性与如实反映的重要质量特征。比如，IASB和FASB联合概念框架中提到，可比性是强化质量特征的四项重要特征之一。可比性是指可以让使用者分辨出两家公司财务绩效之间是否存在相似或者相异的一项信息特征。FASB（1980，P112）指出，提高财务报告的可比性是发展会计准则的主要原因。因此，会计信息质量特征时应考虑可比性等重要特征的决定因素与经济后果。

# 主要参考文献

[1] 中国会计学会. 联合概念框架与公允价值研究 [M]. 大连：大连出版社，2010.

[2] 吴明隆，涂金堂. SPSS 与统计应用分析 [M]. 大连：东北财经大学出版社，2012.

[3] 金城隆，陈美惠，曾小青. 资本市场会计研究——理论框架与实证证据 [M]. 大连：东北财经大学出版社，2015.

[4] 漆江娜，路晓燕，饶静，魏明海（译）. 盈余管理——理论、实践与研究的新发展 [M]. 大连：东北财经大学出版社，2014.

[5] 蔡海静，任诗嘉. IASB、FASB 财务信息质量特征体系及其启示 [J]. 财会月刊，2012，12.

[6] 盖地，郑伟. 财务会计：由理想到现实——兼论会计信息的相关性与可靠性 [J]. 财经科学，2006，6：117－123.

[7] 傅勇敏，楼丽虹. 论企业盈利质量评价体系的构造 [J]. 现代物业，2013，12.

[8] 李曦涵. SFAG No. 8 对我国会计信息质量特征体系构建的影响 [J]. 河北经贸大学学报（综合版），2012，12（1）.

[9] 葛家澍. 未来财务会计和财务报告的模式——兼论会计信息的可靠性与相关性 [J]. 南京经济学院学报，1999，1：1－5.

[10] 葛家澍，陈朝琳. 论会计信息质量特征相关问题 [J]. 财会通讯（综合上），2009：11.

[11] 柏林，黄余鑫. 对 IASB/FASB 联合概念框架中财务报表列报的评价与思考 [J]. 财务与会计，2012：10.

[12] 李琳，新会计准则与上市公司盈余质量评价 [J]. 中国农业会计，2006，6.

[13] 李晓强. 国际会计准则和中国会计准则下的价值相关性比较——来自会计盈余和净资产账面价值的证据 [J]. 会计研究，2004：7：15-23.

[14] 刘大芳，杨成文. 关于 IASB《财务报告概念框架》的评述 [J]. 财会学习，2011. 8.

[15] 刘大帅. 企业盈余质量的契约视角 [J]. 价值工程，2006：3.

[16] 刘勇泽，孙嚣. 我国上市公司公允价值信息的价值相关性——基于企业会计准则国际趋同背景的经验研究 [J]. 会计研究，2011：2：16-22.

[17] 潘琰，陈凌云，林丽花. 会计准则的信息含量：中国会计准则与 IFRS 之比较 [J]. 会计研究，2003：7：7-15.

[18] 曲晓辉，高芳. 我国会计准则国际协调效果量化研究述评 [J]. 会计研究，2006：2：14-18.

[19] 任世驰，冯丽颖. 会计信息基本质量特征：基于信息经济学的解读——对 IASB《财务报告概念框架（征求意见稿）》的一个回应 [J]. 会计研究，2016：10.

[20] 汤佩. 会计信息质量特征体系发展浅议 [J]. 财会金融，2012.

[21] 汤云为，钱逢胜. 会计理论 [M]. 上海：上海财经大学出版社，1997.

[22] 韩进，万红波. 国内外盈余质量评价研究的文献综述及启示 [J]. 财会研究，2014：8.

[23] 刘思，王华. 会计信息质量特征的国际比较 [J]. 科技经济导刊，2017：1.

[24] 先庭宏，赵均. 我国会计信息质量特征及其与国际比较

[J]. 商，2013：11.

[25] 夏冬林 . 财务会计信息的可靠性及其特征 [J]. 会计研究，2004，1：22－29.

[26] 夏冬林，李晓强 . 国际间会计准则和会计信息的差异、协调与制度环境 [J]. 会计研究，2005，1：30－37.

[27] 闫翠芬，陈俊璇，黄嫡 . 会计信息质量特征——基于相关性与可靠性的几点思考 [J]. 科技与企业，2012：1.

[28] 汪任芳 . 经济全球化中我国会计信息质量特征体系构建探讨 [J]. 知识经济，2008. 4.

[29] 王献东 . 企业会计信息质量特征架构解析 [J]. 财会通讯（综合），2013：3.

[30] 王玉萍 . 浅谈会计信息质量特征及其体系的构建 [J]. 会计论坛，2012. 15.

[31] 王志台 . 上海股市盈利持续性的实证研究 [J]. 财经研究，2000，5：43－47.

[32] 威廉·R. 斯科特 . 财务会计理论（第一版）[M]. 陈汉文，夏文贤，陈靖等，译 . 北京：机械工业出版社，2007.

[33] 叶康涛 . 会计准则国际趋同的经济后果：一个分析框架 [J]. 中南财经政法大学学报，2018，1（226）.

[34] 张政 . 企业盈利质量与未来盈利能力分析——以 A 工程机械股份有限公司为例 [J]. 会计之友，2013，23.

[35] 赵景文，杜兴强 . 经验会计与财务研究基础 [M]. 厦门：厦门大学出版社，2009.

[36] 钟向东，杨慧 . 我国会计信息质量特征体系及实施保障 [J]. 时代金融，2017. 8（670）.

[37] 周晓苏，唐雪松 . 会计信息相关性与可靠性的分离——基于契约理论的一种解释 [J]. 财经研究，2006，11：136－144.

[38] 朱元午 . 会计信息质量：可靠性与相关性的两难选择——兼

论我国现行财务报告的改进［J］. 会计研究，1999：7：9－14.

［39］Aboody，D.，J. Hughes and J. Liu，2005，"Earnings Quality，Insider Trading and Cost of Capital"，*Journal of Accounting Research*43，651－673.

［40］AICPA. Objectives of Financial Statements. 1973. Report of the Study Group on the Objectives of Financial Statements，1973.

［41］Ball，R. and P. Brown，1968，"An Empirical Evaluation of Accounting Income Numbers"，*Journal of Accounting Research*6（2），159－178.

［42］Barone，J. G.，2003，"Perceptions of Earnings Quality and Their Associations with the Cost of Equity Capital"，Working Paper，University of Texas at Austin.

［43］Barth，M. E.，D. P. Cram and K. K. Nelson，2001，"Accruals and the Prediction of Future Cash Flows"，*The Accounting Review*76（1），27－58.

［44］Barth，M.，W. Beaver and W. Landsman，2001，"The Relevance of The Value Relevance Literature for Financial Accounting Standard Setting，Another View"，*Journal of Accounting and Economics*31，77－104.

［45］Barua，A.，2006，"Using the FASB's Qualitative Characteristics in Earnings Quality Measures"，Working Paper，Louisiana State University.

［46］Barua，A.，Legoria，J. and Moffitt，J. S.，2006，"Accruals Management to Achieve Earnings Benchmarks：A Comparison of Pre-managed Profit and Loss Firms"，*Journal of Business Finance & Accounting*33（5－6），653－670.

［47］Basu，S.，1997，"The Conservatism Principle and the Asymmetric Timeliless of Earnings"，*Journal of Accounting and Economics*24，3－27.

［48］Bowen，R. M. & D. Burgstahler，Evidence on the relationships between earnings and various measures of cash flow［J］. The Accounting

Review, 1986. 61.

[49] Burgstahler, D. and I. D. Dichev, 1997, "Earnings Management to Avoid Earnings Decreases and Losses", *Journal of Accounting and Economics*24, 99 - 126.

[50] Collins, D. W. and S. P. Kothari, 1989, "An Analysis of Intertemporal and Cross-sectional Determinants of Earnings Response Coefficients", *Journal of Accounting and Economics*11, 143 - 181.

[51] Dechow, P. M. and I. D. Dichev, 2002, "The Quality of Accruals and Earnings: The Role of Accrual Estimation Errors", *The Accounting Review*77 (Supplement), 35 - 59.

[52] Dechow, P. M, R. G. Sloan and A. P. Sweeney, 1995, Detecting earnings management, The Accounting Review, 70 (2): 193 - 225.

[53] Dechow, P. M, R. G. Sloan, and A. P. Sweeney, Causes and Consequences of Earnings Manipulation: An Analysis of Firms Subject to Enforcement Actions by the SEC. Contemporary Accounting Research 13, 1996, Spring: 1 - 36.

[54] DeFond, M. L. and C. W. Park, 1997, "Smoothing Income in Anticipation of Future Earnings", *Journal of Accounting and Economics*23, 115 - 139.

[55] DeFond, M. L. and Jiambalvo, J., 1994, "Debt Covenant Violation and Manipulation of Accruals", *Journal of Accounting and Economics*17, 145 - 176.

[56] Fairfield, P. M., R. J. Sweeney and T. L. Yohn, 1996, "Accounting Classification and the Predictive Content of Earnings", *The Accounting Review*71 (3), 337 - 355.

[57] Fama, E. and K. French. 1993. Common risk factors in the returns on stocks and bonds Journal of Financial Economics 33: 3 - 56.

[58] FASB. SFAC No. 2: Qualitative Characteristics of Accounting In-

formation, 1980.

[59] Fairfield, P. M. , R. J. Sweeney, and T. L. Yohn, 1996, Accounting classification and the predictive content of earnings, The Accounting Review, 71 (3): 337 -355.

[60] Francis, J. , R. LaFond, P. M. Olsson and K. Schipper, 2004, "Costs of Equity and Earnings Attributes", *The Accounting Review*79 (4), 967 -1010.

[61] Francis, J. , R. LaFond, P. M. Olsson and K. Schipper, 2005, "The Market Pricing of Accruals Quality", *Journal of Accounting and Economics*39 (2), 295 -327.

[62] Gilvoly and Palmon. Timeliness of Annual Earnings Announcements: Some Empirical Evidence. The Accounting Review, 1982, vol. 57: 486 -508.

[63] Holthausen, R. W. and R. L. Watts, 2001, The relevance of the value-relevance literature for financial accounting standard setting, Journal of Accounting and Economics, 31: 3 -75.

[63] IASB. . Conceptual Framework for Financial Reporting: Chapter 2, Qualitative Characteristics of Useful Financial Information, 2010.

[64] Jones, J. J. , 1991, "Earnings Management During Import Relief Investigations", *Journal of Accounting Research*29, 193 -228.

[65] Joyce, E. J. , R. Libby and S. Sunder, 1982, "Using the FASB's Qualitative Characteristics in Accounting Policy Choices", *Journal of Accounting Research*, 20 (2), 654 -675.

[66] Kothari, S. P. , A. Leone and C. Wasley, 2005, "Performance Matched Discretionary Accrual Measures", *Journal of Accounting and Economics*39, 163 -197.

[67] Lev, B. and S. R. Thiagarajan, 1993, "Fundamental Information Analysis", *Journal of Accounting Research*37 (2), 353 -385.

[68] Lipe, R., 1990, "The Relation between Stock Returns and Accounting Earnings Given Alternative Information", *The accounting Review*65 (1), 49-71.

[69] Mary E. Barth, John A. Ellott and Mark W. Finn, 1999, "Research Reports: Market Rewards Associated with Patterns of Increasing Earnings", *Journal of Accounting Research*37 (2) Autumn.

[70] McNichols, M. F., 2002, "Discussion of The Quality of Accruals and Earnings: The Role of Accrual Estimation Errors", *The Accounting Review*77 (supplement), 61-69.

[71] Mikhail, M. B., B. R. Walther and R. H. Willis, 2003, "Reactions to Dividend Changes Conditional on Earnings Quality", *Journal of Accounting, Auditing and Finance*18 (1), 121-151.

[72] Patricia M. Dechow, 2004, "Earnings Quality". The Research Foundation of CFA Institute.

[73] Penman, S. H. and X. Zhang, 2002, "Accounting Conservatism, the Quality of Earnings, and Stock Returns", *The Accounting Review*77 (2), 237-264.

[74] Penman, S. H., 2001, "Financial Statement Analysis and Security Valuation", NY, McGrawHill/Irwin.

[75] Richardson, S., 2003, "Earnings Quality and Short Sellers", *Accounting Horizons*17 (supplement), 49-61.

[76] SEC. Work Plan for the Consideration of Incorporating International Financial Reporting Standards into the Financial Reporting System for U. S. Issuers: An analysis of IFRSin Practice [Z]. NBER Working Paper, 2010.

[77] Skinner, D., 2004, "What do Dividends Tell Us about Earnings Quality?", Working Paper, University of Michigan Business School.

[78] Sloan, R. G., 1996, Do stock prices fully reflect information in accruals and cash flows about future earnings? The Accounting Review. 71

(3)：289 –315.

[79] Subramanyam K. R. , 1996, "The Pricing of Abnormal Accruals", *Journal of Accounting and Economics*, 22 (1), 249 –281.

[80] Wang, C. Accounting Standards Harmonization and Financial Statement Comparability: Evidence from Transnational Information Transfers [J]. Journal of Accounting Research, 2014, 52 (4) .

[81] Xie, H, 2001, The mispricing of abnormal accruals. The Accounting Review, 76 (3): 357 –373.